U0016338

BITCOIN
BITCOIN
BITCOIN

BITCOIN
BITCOIN
BITCOIN

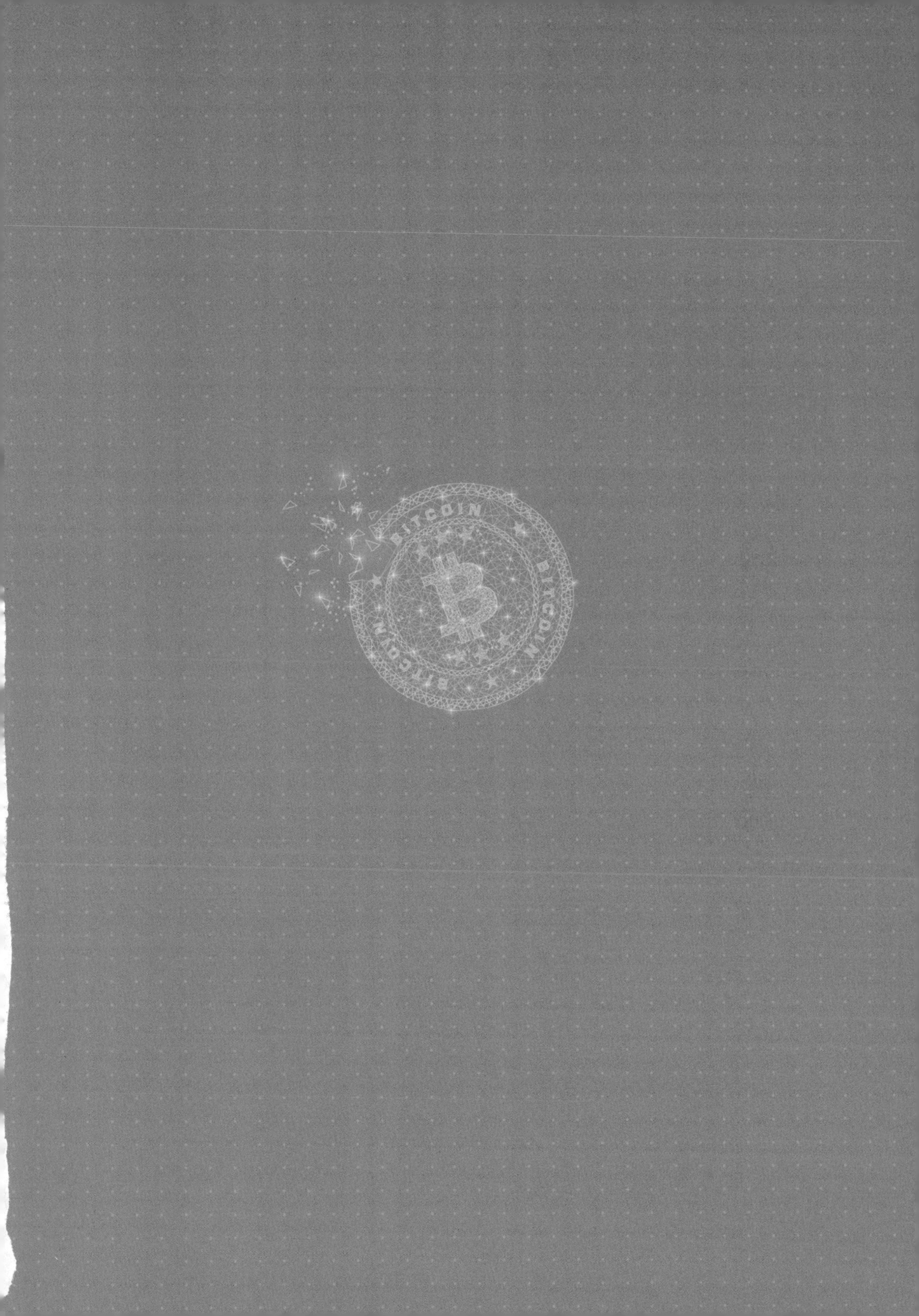

BITCOIN
BITCOIN
BITCOIN
BITCOIN

加密貨幣的真相

揭穿區塊鏈無本金融的國王新衣

曲建仲（曲博）著

作者序

拆穿加密貨幣的魔術

10 年前，中本聰（Satoshi Nakamoto）異想天開做了一個「比特幣」實驗，可能連他自己也沒想到後來發展成令全球瘋狂的「區塊鏈」浪潮，一時之間娛樂、物流、能源、保險、醫療、金融都可以區塊鏈，有人把它稱為「區塊鏈＋」，還和「物聯網＋」畫上等號，意思是什麼應用都可以「加上」區塊鏈，創造全新的價值。隨著各大媒體爭相報導，經過社群不斷擴散放大，推波助瀾增加「想像」空間。

一時之間，市場轟然雷動，區塊鏈變成人類有史以來最偉大的發明，什麼應用都可以加上區塊鏈，用區塊鏈才叫創新，不用就是落後，最後形成了一個有趣的現象：一知半解的人穿著「國王新衣（區塊鏈）」在台上侃侃而談，和童話故事唯一不同的是，台下大部分人還以為這件新衣是真的；一些對網站系統有概念的人只是「懷疑」這件新衣好像有些誇大，卻又說不出哪裡有假，所以不敢妄下定論。

而真正懂區塊鏈的人則分成兩類，一類因為自己也在做區塊鏈，當然只能強調優點；另一類雖然沒有做區塊鏈，但是不想得罪人，因此並不想拆穿真相，所以我常開玩笑說這是「現代版國王新衣」。那麼，事實到底是什麼呢？

區塊鏈代表去中心化，錯；區塊鏈代表不可竄改，錯；區塊鏈代表可以信任，大錯特錯。咦！大家不是都這麼說嗎？為什麼都錯，而且還大錯特錯呢？

區塊鏈是一種唬人的雕蟲小技，目前大家看到的所有區塊鏈應用，80%都是「為區塊鏈而區塊鏈」，只是以區塊鏈當作行銷手法唬人，因為用區塊鏈可以做，不用也可以做，而且大部分不用還做得更好；剩下20%的應用雖然有意義，但並非因為區塊鏈是什麼偉大的創新技術非用不可，而是因為「商業模式」必須使用區塊鏈才容易成功。那麼，到底大部分的區塊鏈如何唬人？又是哪種應用的商業模式必須使用區塊鏈才容易成功？

非同質化代幣(NFT)可以證明數位資產的真偽與所有權，錯；NFT可以讓作品無法被複製和造假，錯；NFT可以追溯到最初作品正本的擁有者，大錯特錯。咦！大家不是都這麼說嗎？為什麼都錯，而且還大錯特錯呢？

NFT就是個「所有權證明」，如此而已，大家在媒體上看到的NFT功能大部分都不是真的，過去傳統拍賣遇到最嚴重的問題，使用NFT其實並沒有解決，實際上最重要的事情還是經由「中心化」的第三方機構來進行，和傳統拍賣一樣。

「假的」加密貨幣就是由書讀較少的人發起的「舊型態詐騙集團」；「真的」加密貨幣號稱是使用「區塊鏈」的金融創新，骨子裡就是一種由高級知識份子發起的「新型態詐騙集團」，把龐氏騙局包裝成金融科技，用專有名詞唬弄監管機關與社會大眾，兩者只是程度上的差別而已。

科技產業用專有名詞唬人，大部分是「八分真兩分假」，然而加密貨幣用專有名詞唬人，卻是「八分假兩分真」。這種新型態龐氏騙局不只吸金還吸人，連谷歌(Google)、亞馬遜(Amazon)開出百萬美元年薪也請不到人，人才都跑去哪裡了？所以我說這種「新型態龐氏騙局風靡全球」，造成「新時代專業人才前仆後繼」。如果人才都跑去炒幣圈錢了，那台積電和聯發科，還有其他資訊科技的重要工作由誰來接？

看了上面這些描述，是不是和你在大部分媒體、報章、雜誌看到的差很多？要解決上面這些問題的方法，唯有依靠「教育」，把區塊鏈與加密貨幣的原理講清楚，才能協助社會大眾了解真相。因此我整理了詳細的原理寫成這本書，讓大家真正了解原理，自己判斷是非對錯，從此不再被少數「專業人士」誤導！

魔術其實就是個把戲，當我們不了解它的手法，就會覺得好神奇；當我們了解了它的手法，就會發出會心一笑，原來就是個唬人的把戲而已！魔術界最討厭的就是拆穿魔術的人，加密貨幣其實就是在變魔術，而我，就是那個拆穿魔術的人。

曲建仲

2022.10.18

第 1 章

虛擬世界大爆發

元宇宙是什麼？

1-1 什麼是元宇宙（Metaverse）？

1-2 元宇宙的發展方向

1-3 元宇宙可能帶來的負面效應

元宇宙確實是未來一個全新的市場，將會為科技業，甚至金融業、精品業帶來商機，但是不應該過度炒作，才不會過度期待。加密貨幣在真實世界裡就是一個規模空前的去中心化龐氏騙局，但是在元宇宙的虛擬世界裡將找到應用場域；在產業推動元宇宙發展時，也應該留意可能帶來的負面效應。

1-1

什麼是元宇宙（Metaverse）？

「元宇宙（Metaverse）」是由「超越（Meta）」和「宇宙（Universe）」兩個字組合而成，這個名詞源自於美國科幻作家史蒂文森（Neal Stephenson）發表於 1992 年的小說《潰雪（*Snow Crash*）》，故事描述平行於現實世界的虛擬世界，未來人類以虛擬替身的形式相互交流。我們可以想像成虛擬現實，人們能夠在虛擬世界做任何在現實生活中「可以做」或「不能做」的事情，並且以各種方式與真實世界互動。如果上面的文字無法讓你理解，那就去看場電影吧！

● 一級玩家（*Ready Player One*）

電影《一級玩家》描述 2045 年，大部分的人們為了逃避真實世界的混亂而投入虛擬的網路遊戲「綠洲（Oasis）」。在電影裡，真實世界的人類與虛擬世界的連結只有視覺、聽覺、觸覺，這是元宇宙初期的樣貌，玩家可以在虛擬的世界裡參加賽車與舞會，可以和人工智慧控制的虛擬人物交流，目前的技術包括：虛擬實境（VR：Virtual Reality）、擴增實境（AR：Augmented Reality）、混合實境（MR：Mixed Reality）、影像感測器、麥克風與音響、動作偵測器、觸覺產生器等，已經可以達成視覺、聽覺、觸覺的感受。看看《一級玩家》的電影片段，就能一窺片中角色如何使用虛擬實境眼鏡與動作捕捉設備、虛擬替身如何與人工智慧虛擬人物交流，以及元宇宙裡的虛擬賽車和舞會是什麼樣子。

●駭客任務（*The Matrix*）

電影《駭客任務》描述2199年，真實世界已經被電腦機器所占領統治。為了將人類培養成電池當做能量來源，電腦機器模擬1999年的人類世界，創造出虛擬程式世界「母體（The Matrix）」，藉由和人體大腦神經聯結的「神經電極」連接器，使視覺、聽覺、觸覺、嗅覺、味覺、心理，也就是佛家所說的「六根」等訊號傳遞到人類大腦時都彷彿是真實的，以此囚禁人類的心靈，這將是終極版的元宇宙。在電影中，能使用神經電極連接使用者大腦，元宇宙裡的虛擬替身具有超能力，還能看穿一切。

科幻電影裡的「神經電極」連接器，事實上在現實世界裡已經部分成真了！特斯拉（Tesla）與太空探索（SpaceX）執行長馬斯克（Elon Musk）創辦的神經科技公司Neuralink在2021年展示了「三隻小豬」，經由神經電極可以讓小豬操控簡單的遊戲。雖然只是概念展示，技術還不成熟，距離量產還很遙遠，但這或許是未來科技的發展方向。2022年，美國科學期刊《Science》報導，一名漸凍症病人經由手術植入兩個方形神經電極陣列到腦部的動作控制區，讓病人重新獲得部分溝通能力。

●上載新生（*Upload*）

美劇《上載新生》刻畫2033年，人類的技術可以將大腦的意識上傳雲端元宇宙成為虛擬人，地平線公司推出豪華湖景飯店提供富人安享來世，只要付錢就可以讓自己的意識上傳雲端在伺服器裡永生，真人只要經由虛擬實境（VR）眼鏡就可以進入元宇宙與虛擬人溝通。男主角因為自駕車被駭客入侵而故障，因而車禍受傷，陰錯陽差意識被上傳到雲端，後來發生一系列有趣而發人深省的故事。到底是哪個駭客入侵男主角的車害他出了車禍？整個故事背後有什麼陰謀？有興趣的人不妨看看影集片段，一窺劇中如何使用專用設備將人類大腦內的意識上傳雲端、虛擬人的意識如何出現在元宇宙裡，以及真人如何經由虛擬實境（VR）眼鏡進入元宇宙。

《一級玩家》
電影預告

《駭客任務》
電影預告

《上載新生》
影集預告

● 南韓遊戲公司在Com2Verse元宇宙上班

南韓遊戲公司 Com2uS 於 2021 年 12 月首次公開旗下開發中的元宇宙平台「Com2Verse」預告及試玩影片，展示了員工在Com2Verse上班的一天：員工使用虛擬實境（VR）眼鏡進入元宇宙上班，在元宇宙裡開會、逛街，還能在元宇宙裡的公園散步。Com2uS 集團計畫將於 2022 年下半年開始讓擁有 2,500 名員工的所有旗下公司入駐Com2Verse，正式開啟在元宇宙上班、生活的時代。把現實世界中的生活搬到網路上的多功能元宇宙平台，遊戲將社會、文化、經濟等現實世界系統搬進數位世界，打造可以實現日常生活的虛擬空間。同時根據用戶活動表現獲得代幣獎勵，開發加密貨幣計畫導入代幣經濟循環，與各種活動和經濟回饋連結，再帶出數位資產和服務等消費品。

Com2uS的元宇宙平台「Com2Verse」共有四大領域：

- 辦公世界（Office world）：提供智慧辦公空間。
- 商業世界（Commercial world）：提供金融、醫療、教育、流通服務。
- 樂園世界（Theme park world）：享受遊戲、音樂、電影、表演休閒。
- 社群世界（Community world）：提供日常溝通及分享的社群空間。

Com2Verse
預告及試玩影片

1-2 元宇宙的發展方向

元宇宙是利用雲端伺服器建立的虛擬世界，使用者可以使用虛擬實境(VR)或擴增實境(AR)進入雲端，以虛擬替身與其他使用者交流，那麼目前已經發展到什麼程度？未來又會如何發展呢？

● 第一個接近元宇宙的平台：機器磚塊(Roblox)

講到元宇宙的概念，許多人立刻會想到目前熱門的多人線上角色扮演遊戲，例如：動物森友會、模擬市民、暗黑破壞神、仙劍奇俠傳等。這些線上遊戲可以讓玩家在虛擬的遊戲裡擁有另外一個身分與全新的生活，但由於技術上的限制，這些線上遊戲帶給玩家的沉浸感不足，內容也只是遊戲，與元宇宙希望建立的世界還有很大的差距。

第一個接近元宇宙的平台是「機器磚塊(Roblox)」，它不只是一個線上角色扮演遊戲，**使用者還可以設計自己的遊戲、物品、衣服，同時遊玩自己或其他開發者建立的各種遊戲**，是由像樂高積木般的虛擬磚塊所建構的網路虛擬世界。就類似於我們的影音創作發表在YouTube平台上，或程式設計師的程式創作發表在「應用程式商店(App Store)」平台上，經由平台分享讓谷歌(Google)分潤的概念。

● 元宇宙的未來可能有兩個發展方向

目前元宇宙的建立還在初期戰國時代多強爭霸的階段，各種不同的社群平台與遊戲廠商都躍躍欲試，因此還沒有系統能夠一統天下，未來誰會勝出仍不確定。元宇宙的未來可能有兩個發展方向：

- 第一階段：可能是由某家公司主導，但是開放原始程式碼讓任何人都可以使用，類似谷歌建立Android平台，讓所有開發者在平台上建立應用程式(App：Application Program)。例如：我在臉書的元宇宙要參加舞會，想買一個「虛擬愛馬仕包包」，則必須到「虛擬愛馬仕商店」購買，而愛馬仕公司則必須到臉書的元宇宙裡開設一家虛擬愛馬仕商店，在這裡「虛擬愛馬仕包包」就好像一個應用程式，因此和Android平台讓所有開發者在平台上建立應用程式的概念是一樣的。
- 第二階段：可能是由某個基金會主導，開放原始程式碼讓任何人都可以使用，不同公司開發的虛擬世界具有相容性，可以串連成大一統的元宇宙，就像我們現在使用相同的通訊協定在網際網路上漫遊一樣，現在我們上網都是使用「超文本轉換傳輸協定(HTTP：Hyper Text Transfer Protocol)」。假設我們在臉書的元宇宙裡買了一個「虛擬愛馬仕包包」，能不能把它背到谷歌的元宇宙裡去參加舞會？答案是不行，因為程式不相容，因此未來不同公司開發的元宇宙具有相容性，才能串連成大一統的元宇宙。

目前元宇宙的發展還在第一階段，未來還有無限可能，元宇宙大爆發，臉書創辦人說：「**元宇宙就是下一世代的網際網路**。」就是這個意思。由於目前臉書營運面臨瓶頸，因此開始啟動轉型，將「臉書(Facebook)」改名為「超越(Meta)」；輝達(Nvidia)執行長說：「元宇宙的經濟規模終將大過實體世界。」由於虛擬世界3D建模需要大量的圖形處理器（GPU），將為輝達帶來另一波成長動能。我們在思考元宇宙時必須跳脫線上遊戲的思維，發展成創意發想平台、互動社交平台。

●科技業界爆紅：元宇宙將主宰全宇宙？

Roundhill投資公司預估2030年元宇宙產值高達2.5兆美元，這個數字可能有些誇大，但是確實代表元宇宙未來有不小的市場。事實上，未來元宇宙的重度使用者，主要還是目前網路遊戲的使用者，因此要估計元宇宙的市場，可以從目前的遊戲市場著手。

目前全球的遊戲市場每年有超過2,500億美元的商機，等於未來8年要成長大約10倍，如果我們把建立元宇宙所需要的資料中心所有硬體成本都計算進去，的確有可能達到這個規模。除了科技大廠躍躍欲試，為什麼連金融業、精品業也擁抱元宇宙？

大家想想，要建立一個能夠容納全球數十億玩家的虛擬世界，而且現在大家對畫質與3D影像的品質要求愈來愈高，需要加蓋許多資料中心，包括：雲端伺服器、中央處理器（CPU）、圖形處理器（GPU）、儲存元件（DDR/SSD）；使用者連線需要各種網路設備與終端裝置，包括：網通設備、光纖通訊、第五代行動電話（5G）與物聯網（IoT）、虛擬實境（VR）與擴增實境（AR）眼鏡、平面顯示器、智慧型手機、個人電腦等，顯然會給科技產業帶來巨大的商機。

此外，玩家在元宇宙裡需要線上消費、因此需要虛擬信用卡，金融業就有參與的角色；加密貨幣在真實世界裡就是個圈錢的龐氏騙局，都可以炒作到天價，在元宇宙的虛擬世界裡，怎麼可能放過這個炒作的機會？在真實世界裡我買不起愛馬仕的包包、鞋子、項鍊、耳環等各種精品，在虛擬世界裡不就可以買了嗎？因此精品業就有參與的角色。

在真實世界裡，我住狹窄的公寓、開國產轎車，在虛擬世界裡就可以住豪宅、開法拉利跑車；在真實世界裡，我是個員工每天被老闆罵，在虛擬世界裡我就是老闆可以罵員工；在真實世界裡，想搭SpaceX的太空飛船去火星「貴森森」我付不起，在虛擬世界裡我當然可以去星際旅遊跑遍全宇宙，甚至元宇宙會提供某些工作，所以未來可能有人在真實世界沒有工作，是進入虛擬世界上班的。總之當我們在思考元宇宙時，不要被限制在現有的網路世界裡，請發揮你的想像力！

1-3
元宇宙可能帶來的負面效應

雖然元宇宙可以替各行各業帶來巨大的商機，特別是新冠疫情造成大家必須減少實體活動，改成線上活動，為這波元宇宙發展推波助瀾。但是我們也必須了解未來的元宇宙如果不以法律進行規範，可能帶來的負面問題，例如：在虛擬世界裡的個人隱私如何保護？商業利益如何分配？炒作詐騙如何預防？

● 擴充現有法令擴及虛擬世界

在真實的世界我們不能打傷人，但是在元宇宙裡偷打傷「虛擬人」有沒有罪？現有的法規的確不足以規範元宇宙內的行為，因此許多人建議政府應該替元宇宙建立專法。事實上這是沒有必要的，現有社群平台例如：臉書、領英(LinkedIn)等都是經由文字、聲音、圖片、影片來進行線上交流，而元宇宙是經由虛擬實境與擴增實境眼鏡，讓線上的交流更有臨場感，所以元宇宙其實就是現有社群平台的進化版，現有的法規可以管理社群平台，就可以管理元宇宙，只要修改法規擴充法令的內容與範圍就可以了！

● 元宇宙對於青少年可能帶來的不良影響

更重要的是元宇宙對於青少年可能帶來的不良影響。未來有一天，家裡的孩子可能每天放學回家就戴上虛擬實境眼鏡進入元宇宙，和虛擬世界裡的人物交朋友，完全不與真實世界的人交流。這些孩子長大以後，和真實世界的人做朋友會不會遇到障礙？曾經有朋友和我說，他的孩子現在即使在家裡，也只用通訊軟體LINE以文字和他溝通。未來的元宇宙會不會讓孩子的世界更加封閉？

●使用元宇宙裝置對身體的傷害

此外，長期配戴虛擬實境眼鏡對眼睛與大腦可能造成傷害。由於藍光波長短能量高，眼睛大量暴露藍光容易引起過氧化反應產生自由基，加速損傷視網膜裡黃斑部的感光細胞和視網膜色素上皮細胞，這兩種細胞無法再生，一旦損傷會影響視力，嚴重時甚至會導致失明。這些都是未來元宇宙可能帶來的負面效應，我們必須及早因應。

第 2 章

比特幣與區塊鏈的原理

2-1 被過度誇大的創新科技：區塊鏈

2-2 讓我們從區塊鏈的原理談起

2-3 區塊鏈的中心教條：51% 規則

2-4 比特幣的實際運作方式

2-5 什麼是比特幣的區塊鏈？

2-6 比特幣的三大特性

近年來「區塊鏈(Blockchain)」成為家喻戶曉的專有名詞。由於發明區塊鏈的人是資訊專家，區塊鏈大部分的應用卻是金融業，而金融專家不熟悉資訊科技，因此讓資訊專家有很大的操作空間，可以用各種專有名詞包裝「唬弄」大家。又因為大多數人對區塊鏈都是一知半解，經常衍生過度的期待與迷思。區塊鏈固然有其應用價值，但據此開發出顛覆性的新商業模式，才是區塊鏈的真正意義所在。

2-1

被過度誇大的創新科技：區塊鏈

區塊鏈代表去中心化，錯；區塊鏈代表不可竄改，錯；區塊鏈代表可以信任，大錯特錯。咦！大家不是都這麼說嗎？為什麼都錯，而且還大錯特錯呢？

● 一種唬人的雕蟲小技，發展成令全球瘋狂的現代版國王新衣

區塊鏈是一種唬人的雕蟲小技，目前大家看到的所有區塊鏈應用，80% 都是「為區塊鏈而區塊鏈」，只是以區塊鏈當做行銷手法唬人，因為用區塊鏈可以做，不用也可以做，而且大部分不用還做得更好；剩下 20% 的應用雖然有意義，但並非因為區塊鏈是什麼偉大的創新技術非用不可，而是因為「商業模式」必須使用區塊鏈才容易成功，那麼到底大部分的區塊鏈如何唬人？又是哪種應用的商業模式必須使用區塊鏈才容易成功呢？讓我們用這本書，好好把區塊鏈的基本原理與應用說清楚。

● 物聯網＋是實的，區塊鏈＋是虛的

10 年前，中本聰（Satoshi Nakamoto）異想天開做了一個「比特幣」實驗，可能連他自己也沒想到後來發展成令全球瘋狂的「區塊鏈」浪潮，一時之間娛樂、物流、能源、保險、醫療、金融都可以區塊鏈，有人把它稱為「區塊鏈＋」，還和「物聯網＋」畫上等號，意思是什麼應用都可以「加

上」區塊鏈，創造全新的價值。隨著各大媒體爭相報導，經過社群不斷擴散放大，推波助瀾增加「想像」空間，甚至出現了「區塊鏈是人類有史以來最偉大的發明」這類荒謬聳動的標題，造成社會大眾的認知與真實情況的落差。

因為真正了解區塊鏈的人，還是以資訊工程，也就是有在寫程式的人為主，其他不同領域的專家，包括：金融、行銷、法律、管理等對區塊鏈其實一知半解，在認知錯誤的情況下「幻想」各種商業模式與應用場景，原本就有困難，這也是為什麼跨領域科技教育非常重要的原因。在這種情況下，也讓「懂區塊鏈的人」有很大的操作空間，可以用一堆「專有名詞」唬過一知半解的人，同時廠商也看上了區塊鏈這種專有名詞難以理解，因此紛紛把區塊鏈套上自己的產品，到底懂不懂不重要，先把客戶「唬」進來再說。

● 近年來被過度誇大的創新科技第一名：區塊鏈

一時之間市場轟然雷動，區塊鏈變成人類有史以來最偉大的發明，什麼都可以加上區塊鏈，用區塊鏈才叫創新，不用就是落後，最後形成了一個有趣的現象：一知半解的人穿著「國王新衣（區塊鏈）」在台上侃侃而談，和童話故事唯一不同的是，台下大部分人還以為這件新衣是真的；一些對網站系統有概念的人只是「懷疑」這件新衣好像有些誇大，卻又說不出哪裡有假，所以不敢妄下定論；而真正懂區塊鏈的人則分成兩類，一類因為自己也在做區塊鏈，當然只能強調優點；另一類雖然沒有做區塊鏈，但是不想得罪人，因此並不想拆穿真相，所以我常開玩笑說這是「現代版國王新衣」。那麼，事實到底是什麼呢？

2-2

讓我們從區塊鏈的原理談起

區塊鏈起源於比特幣，因此要了解區塊鏈，必須先了解比特幣。那麼到底什麼是比特幣？比特幣與區塊鏈之間又有什麼關係呢？

● 比特幣的起源

區塊鏈起源於比特幣，比特幣的發明人中本聰（Satoshi Nakamoto）在 2008 年發表了一篇名為〈比特幣：一種對等式電子現金系統（Bitcoin: A Peer-to-Peer Electronic Cash System）〉的論文，提出了稱為「比特幣」的電子貨幣及演算法，由於比特幣不適合即時大量的小額交易，而且在法規上存有疑義，難以被主管機關接受，因此有人將比特幣的部分技術抽離出來尋找新的應用，並且取了新名字「區塊鏈」，這是區塊鏈這個名稱的由來。

從 2009 年比特幣區塊鏈開始運作，到現在已經超過 10 年，由於許多錯誤的觀念被社群媒體傳遞，例如：可以取代傳統貨幣即將被大量使用、總量固定只有 2,100 萬枚具有「稀缺性（Scarcity）」所以比黃金保值，再加上少數持有大量比特幣的上線刻意炒作，一種電腦撰寫出來的程式竟然被炒作到每一枚價值超過 6 萬美元。邁克菲（McAfee）創辦人甚至曾預言：比特幣會在 2020 年底漲至 100 萬美元，一時之間市場上出現了許多年輕富豪，投機氣氛濃厚。那麼到底比特幣是什麼？又是如何運作的呢？

● 比特幣帳本（BTC ledger）

話說Satoshi創造「比特幣（BTC：Bitcoin）」，將記錄比特幣交易的「比特幣帳本（BTC ledger）」儲存在自己的電腦裡，並且給自己50BTC的「礦工獎勵金」，然後他用20BTC向Alice購買一本書，並且記錄在自己電腦的比特幣帳本內，如圖2-1所示。Alice第一次聽到有這種東西，好奇地問Satoshi：這個叫什麼幣的聽起來好酷，但是我要怎麼用它呢？

這個時候Satoshi告訴Alice：這個很簡單，妳可以用同樣的方法，支付Bob金額10BTC購買一顆蘋果，我來替妳記錄在我電腦的比特幣帳本內。由於比特幣真的可以買到東西，因此Alice很開心地收下了這種第一次聽到的比特幣。

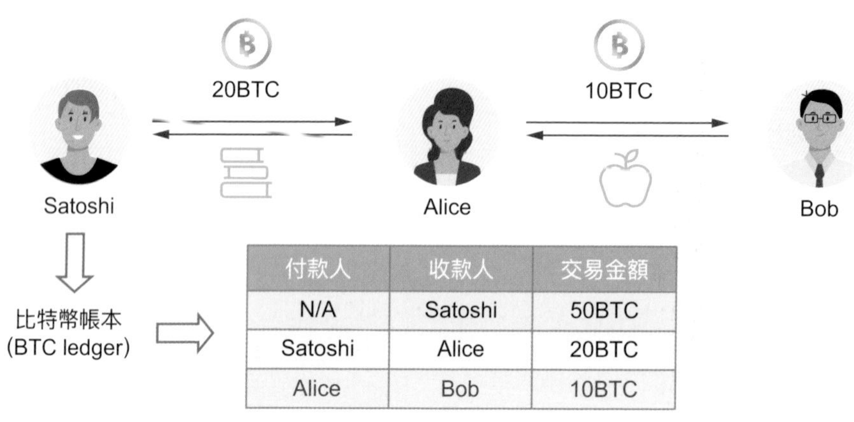

付款人	收款人	交易金額
N/A	Satoshi	50BTC
Satoshi	Alice	20BTC
Alice	Bob	10BTC

圖 2-1　Satoshi 創造比特幣與比特幣帳本。

後來Alice與Bob想想，不對呀！我們的財產交易紀錄都儲存在Satoshi的電腦裡，都是他說了算，我們有什麼保障呢？聽到這樣的質疑，Satoshi說：沒關係，那你們都去買一台電腦，我把比特幣帳本複製給你們，如圖2-2所示，讓你們手上也有一份「比特幣帳本」，我們每個月底來對帳，這樣總可以了吧！但是，這樣真的就沒有問題了嗎？

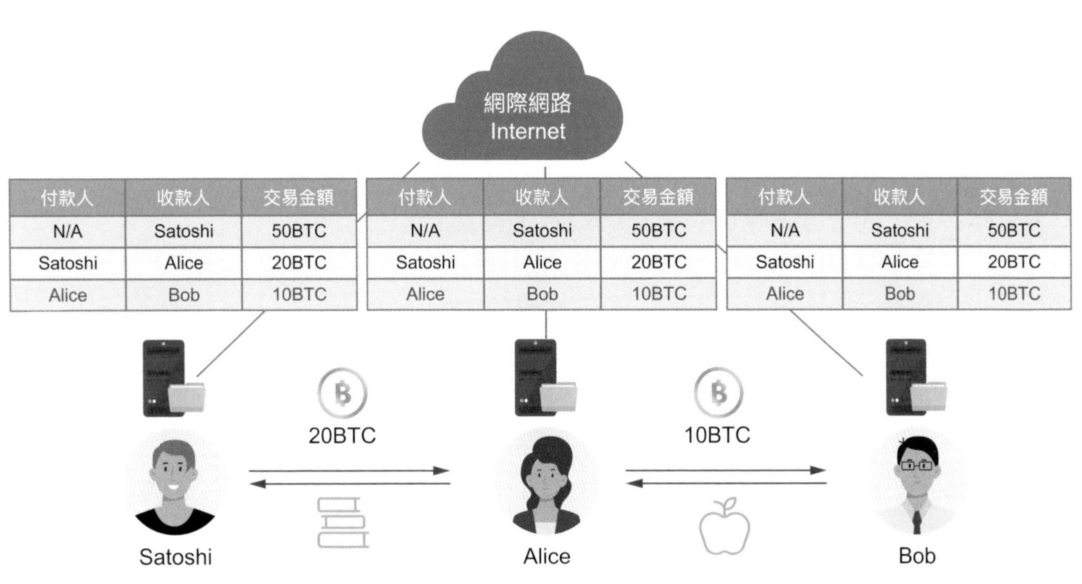

圖 2-2　Satoshi 把比特幣帳本複製給 Alice 和 Bob。

2-3 區塊鏈的中心教條：51% 規則

在前面的故事裡，Satoshi、Alice、Bob三人都買了一台電腦，三個人同時擁有比特幣帳本，每個月底來對帳，這樣會發生什麼問題呢？

● 如果Satoshi竄改比特幣帳本會發生什麼事？

如果Satoshi竄改比特幣帳本，把付給Alice的錢改為 10BTC，如圖2-3 所示，到了月底Satoshi和Alice對帳發現金額不符，一狀告到法院，法官調閱Satoshi的帳本發現金額是 10BTC，調閱Alice的帳本發現金額是 20BTC，所以該相信誰呢？因此法官只能調閱Bob的帳本發現金額是

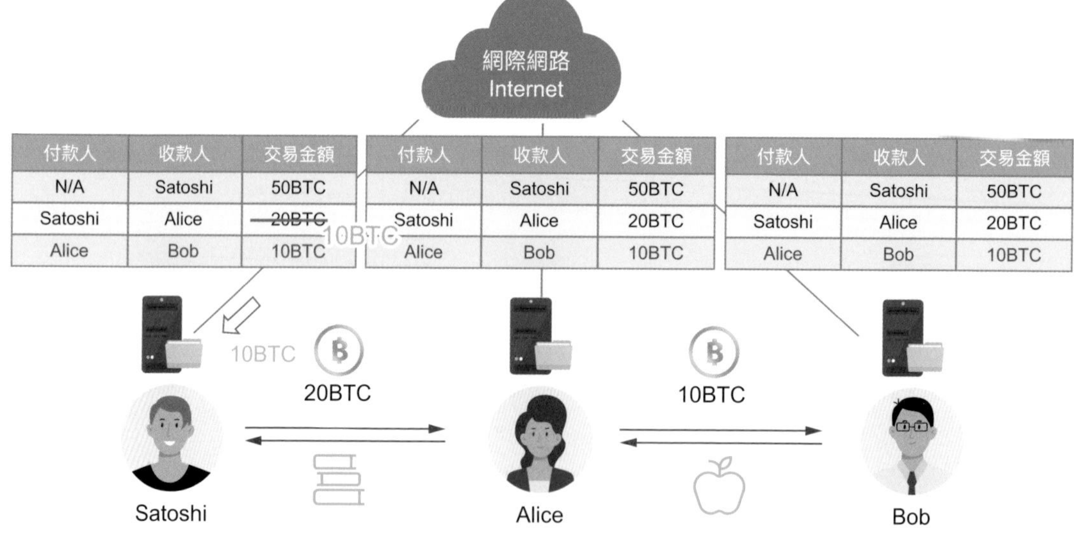

圖 2-3　Satoshi 把付給 Alice 的錢改為 10BTC。

20BTC，與Alice的帳本相同，所以證明Alice的帳本是對的，Satoshi竄改帳本。但是，這樣問題就解決了嗎？

● 如果Satoshi和Bob同謀竄改比特幣帳本，會發生什麼事？

如果Satoshi和Bob同謀竄改比特幣帳本，一起把付給Alice的錢改為10BTC，然後一個人對分 5BTC，如圖 2-4 所示，到了月底Satoshi和Alice對帳發現金額不符，一狀告到法院，法官調閱Satoshi的帳本發現金額是10BTC，調閱Bob的帳本發現金額是 10BTC，調閱Alice的帳本發現金額是20BTC，所以證明Alice竄改帳本 !? 聽起來是不是有點瞎呢？

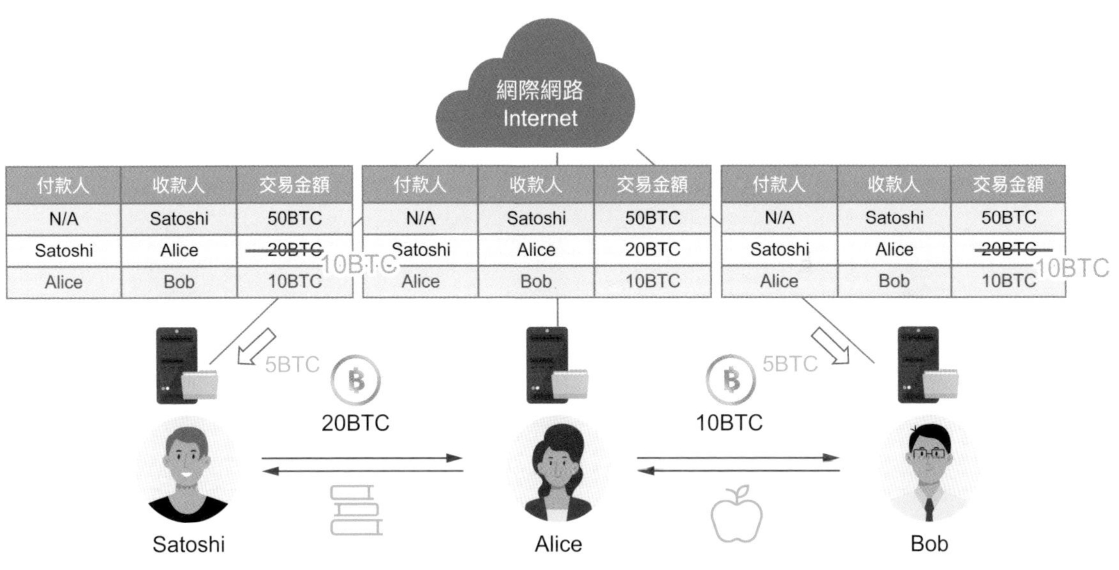

圖 2-4　Satoshi 和 Bob 同謀一起把付給 Alice 的錢改為 10BTC。

在區塊鏈的世界裡，**只要使用者可以掌握超過51%的電腦(節點)，錯的也變對的，對的百口莫辯，則這個區塊鏈就失去效用，稱為**「**51%規則**(51% rule)」。所以比特幣並不能這樣運作，那麼該怎麼運作呢？

2-4
比特幣的實際運作方式

在前面的故事裡，Satoshi、Alice、Bob三人都買了一台電腦，三個人同時擁有比特幣帳本，但是卻無法確保使用者不會串通竄改帳本，那麼比特幣該如何運作呢？

● 比特幣的運作流程

為了解決這些問題，目前比特幣實際的運作方式如圖 2-5 所示：

1. 由Satoshi發起建立第一個「節點(Node)」，節點指的是在伺服器(高級電腦)內安裝「節點軟體(採礦程式)」與「比特幣帳本(區塊鏈)」。
2. 號召網際網路上熟悉電腦操作的自願者在世界各地建立節點，同時在伺服器(高級電腦)內安裝節點軟體(採礦程式)與比特幣帳本(區塊鏈)。
3. 節點與節點之間經由「對等式(Peer to peer)」網路連線軟體進行資料交換，最後每一個節點(電腦)的內容都一樣。
4. 使用者安裝手機應用程式(App)「比特幣電子錢包(BTC wallet)」，並且以手機付款與收款，使用非常簡單。
5. 手機應用程式將交易內容回傳至節點，節點再將交易內容溢散傳遞給所有的節點，使每個節點的比特幣帳本(區塊鏈)內容相同。

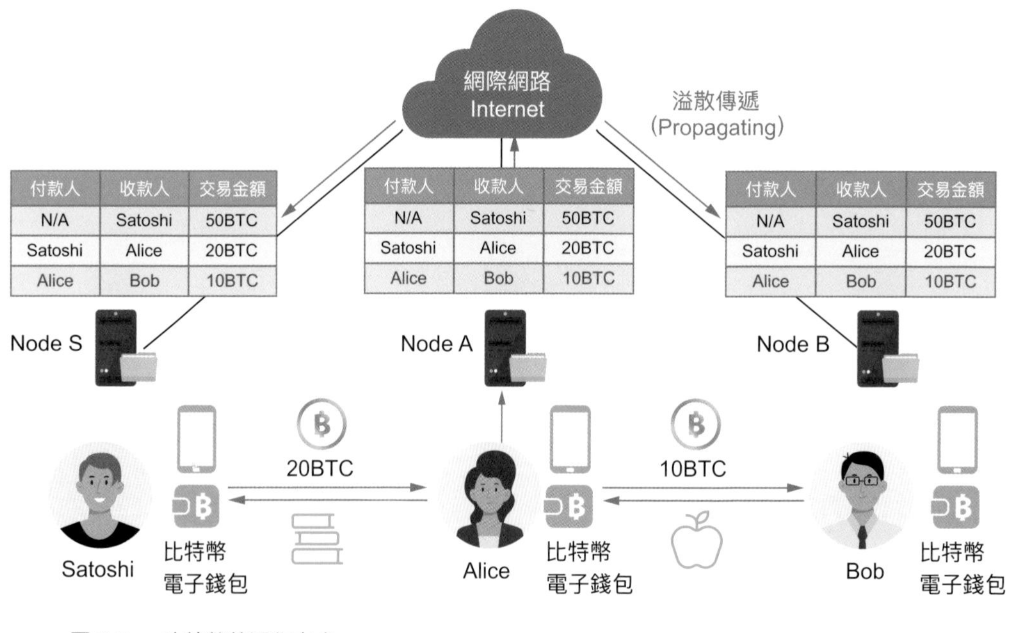

圖 2-5　比特幣的運作方式。

在圖 2-5 裡的比特幣帳本就是「區塊鏈」，目前全球有一萬多個比特幣區塊鏈的節點，都是由熟悉電腦操作的自願者建立，這些人又稱為「礦工」，他們的電腦稱為「礦機」，使用者只需要用手機應用程式就能支付，完全不必管比特幣帳本（區塊鏈）如何運作。

● 比特幣的礦工人數

比特幣的礦工是「去中心化」的，任何人隨時都可以加入，隨時都可以退出，因此全球的礦工人數每天都不一樣。2020 年，1 枚比特幣大約 6,000 美元時，全球大約有 10,000 個節點（Node）；2022 年，1 枚比特幣最高 60,000 美元時，全球大約有 15,000 個節點（Node），如圖 2-6 所示，比特幣下跌時礦工人數減少，比特幣上漲時礦工人數增加，因為有利可圖。

REACHABLE BITCOIN NODES
Updated: Sun Jun 26 14:50:04 2022 CST

15837 NODES　**CHARTS**

Top 10 countries with their respective number of reachable nodes are as follow.

RANK	COUNTRY	NODES
1	n/a	8396 (53.02%)
2	United States	2004 (12.65%)
3	Germany	1344 (8.49%)
4	France	488 (3.08%)
5	Netherlands	386 (2.44%)
6	Finland	350 (2.21%)
7	Canada	338 (2.13%)
8	United Kingdom	240 (1.52%)
9	Russian Federation	195 (1.23%)
10	Singapore	157 (0.99%)

All (98) »

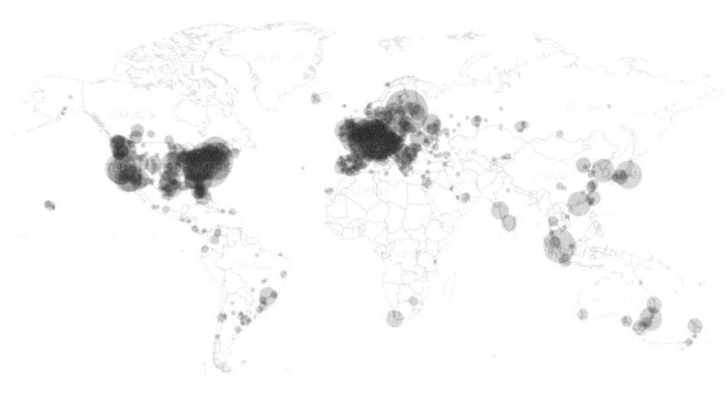

Map shows concentration of reachable Bitcoin nodes found in countries around the world.　**LIVE MAP**

圖 2-6　比特幣的礦工人數與分布（2022/06/26）。
資料來源：https://bitnodes.io/。

● 區塊鏈是一種確保交易紀錄無法竄改的技術

由圖 2-5 可以看出，比特幣帳本記錄了所有使用者的財產，使用者手上並沒有比特幣帳本，所有的比特幣帳本都在礦工的電腦裡，而礦工是誰大家都不認識。這麼重要的東西儲存在一萬多個大家都不認識的礦工電腦裡，我們怎麼能放心呢？因此必須想個方法讓礦工無法竄改電腦裡的比特幣帳本，這個方法稱為「區塊鏈（Blockchain）」。因此，**區塊鏈最簡單的意思就是「一種確保交易紀錄無法竄改的技術」，而具體的方法稱為「採礦（Mining）」**，我們將在第四章詳細介紹。

2-5

什麼是比特幣的區塊鏈？

前面介紹區塊鏈是「一種確保交易紀錄無法竄改的技術」，那麼到底什麼是區塊鏈？它又是如何確保交易紀錄無法竄改的呢？

●什麼是區塊（Block）？

區塊就是「存摺」，一本郵局存摺可以記錄大約 200 筆交易，一個比特幣區塊可以記錄大約4,000筆交易。存摺依照固定的格式記錄資料，例如：日期、摘要、提款、存款、結餘。區塊也依照固定的格式記錄資料，例如：日期、付款人、收款人、交易金額，在資訊工程的專用術語稱為「資料結構（Data structure）」，如圖 2-7 所示。

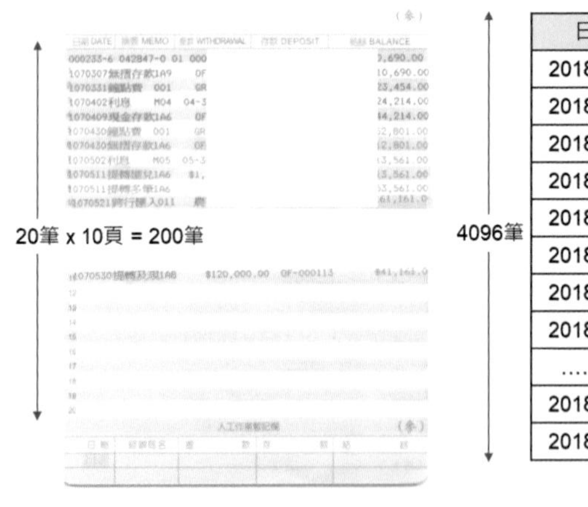

日期	付款人	收款人	交易金額
20180101	N/A	01100110	50BTC
20180101	00010101	01111001	30BTC
20180102	01000100	00011010	20BTC
20180102	01100101	00000001	10BTC
20180103	00011010	01010101	40BTC
20180104	01010101	00001111	15BTC
20180105	01111001	00011001	25BTC
20180106	01100110	01100110	35BTC
....	....	....	....
20180107	01111001	00011001	25BTC
20180108	01100110	01100110	35BTC

圖 2-7　郵局的存摺與比特幣的區塊。

● 什麼是區塊鏈（Blockchain）？

一本郵局存摺記滿 200 筆交易就換第二本，再記滿就換第三本，依此類推，我們姑且稱之為「存摺鏈」；一個比特幣區塊記滿 4,000 筆交易就換第二個，再記滿就換第三個，依此類推，我們稱為「區塊鏈」。

● 比特幣的區塊鏈就是又臭又長的存摺鏈

我的郵局存摺鏈只記錄了我的交易，因此我的郵局存摺鏈只有 12 本；比特幣的區塊記錄了全世界所有使用者的交易，因此比特幣的區塊鏈「又臭又長」。比特幣從 2009 年上線，到今天總共有超過 600,000 個區塊，每一個區塊占用 1MB 記憶體，到今天總共占用超過 600,000MB 記憶體，相當於 600GB，如圖 2-8 所示，真的「又臭又長」吧！

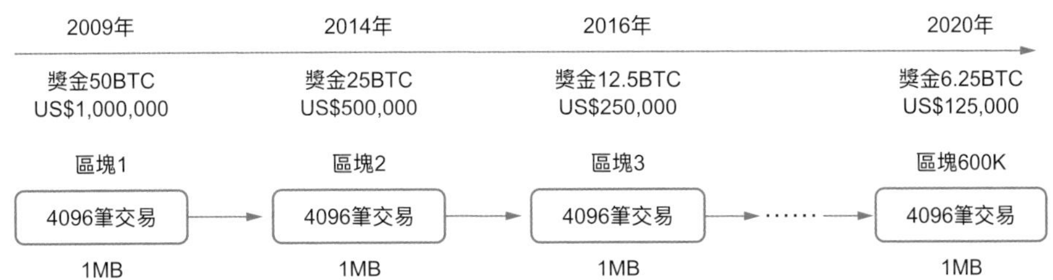

圖 2-8　比特幣的區塊鏈就是又臭又長的存摺鏈（假設 1BTC=US$20,000）。

如果我們不在區塊裡儲存「交易紀錄」，而改成儲存「一般資料」，就成為大家耳熟能詳的「區塊鏈」了！怎麼樣，原來區塊就是存摺，區塊鏈就是存摺鏈(很多本存摺)。換了一個名字，是不是立刻就沒這麼「高級」了呢？

原來**區塊就是存摺，區塊鏈就是存摺鏈(很多本存摺)，因此比特幣的區塊鏈只是用來記錄全世界所有使用者支付比特幣的「交易紀錄**(Transaction)」，我們稱為「比特幣帳本(BTC ledger)」，而區塊鏈只是一種記錄資料的「資料結構(Data structure)」，就好像我們的銀行存摺一樣。差別在於，銀行存摺是儲存在「銀行」的電腦裡(中心化)，而比特幣帳本是被複製一萬多份，並且分散儲存在一萬多個彼此互相不認識的「礦工」電腦裡(去中心化)。比特幣帳本就像是銀行存摺，記錄了我們的財產，這麼重要的東西儲存在一萬多個彼此互相不認識，我們也不認識的礦工電腦裡，讓人怎麼放心呢？

●採礦的目的是為了確保交易紀錄無法竄改

比特幣帳本經由「區塊(Block)**」與「鏈結**(Chain)**」兩種技術，確保交易紀錄無法竄改，才能讓我們放心，因此把這種技術稱為「區塊鏈**(Blockchain)」，而這兩種技術必須使用「雜湊演算法(Hash algorithm)」進行一種特別的運算，也就是所謂的「採礦(Mining)」，很多人以為這是什麼偉大的創新發明，其實它不過是個比大小的數學運算，我們稱為「條件雜湊(Conditional hash)」，簡單到連小朋友都會，因此我戲稱它是一種唬人的雕蟲小技。而採礦必須不停重複這個運算，處理器全開浪費大量電能，但是主要卻只是為了「確保交易紀錄無法竄改」，實在是得不償失。

要特別留意，**採礦的目的是為了「確保交易紀錄無法竄改」，而不是「分配礦工獎勵金」，這種模式就是所謂的「工作量證明**(PoW：Proof of Work)」，由於採礦浪費大量電能，因此近年來有科學家開發其他演算法取代採礦，例如：持有量證明(PoS：Proof of Stake)、儲存量證明(PoC：Proof of Capacity)等，不過這些新方法也都有各自的問題。因此要如何確保交易紀錄無法竄改，到目前為止並沒有真正完美的方法，區塊鏈也就沒有大家想像的那麼神奇。

說真的，比特幣使用的條件雜湊(比大小)真的是雕蟲小技，而且浪費大量電能，得不償失，因此科學家們努力開發各種新演算法來取代，目的就是為了解決區塊鏈完全去中心化運作時產生的問題。坦白說，寫這些新演算法的科學家數學能力都很強，我們必須敬佩他們，不能說是雕蟲小技。只是，把原本中心化用簡單的方法就能做好的事，改成去中心化用複雜的方法來做，到底有多大的意義？這是另外一個值得探討的問題。

2-6
比特幣的三大特性

區塊就是存摺，區塊鏈就是存摺鏈（很多本存摺），因此比特幣的區塊鏈只是用來記錄資料的「資料結構（Data structure）」，那麼比特幣的區塊鏈遇到哪些問題呢？

●比特幣（Bitcoin）的三大問題

前面的方法看似可行，但是仍然隱藏了許多問題，例如：Alice支付Bob金額10BTC購買一顆蘋果，我們如何確認這個購買的訊息真的是Alice發送出來的？另外，如果隔天Alice後悔了，否認她曾經做過這件事怎麼辦？最常發生的狀況就是早期投資人經由電話向證券公司的營業員下單買股票，結果收盤股票跌了，這個時候投資人否認曾經打過這通電話，為了解決這個問題，證券公司只能用電話錄音，但是在虛擬的電子世界裡沒辦法錄音，那麼要用什麼方法讓「使用者不可否認」呢？

第二個問題是，比特幣帳本是儲存在網路上熟悉電腦操作的自願者所架設的節點（伺服器）內，這是很重要的東西，就好像銀行裡的帳本一樣。這麼重要的東西，我們如何才能相信這些熟悉電腦操作的自願者不會去竄改呢？

第三個問題是，比特幣的節點（Node）散布在整個網路的世界裡，當使用者進行交易改變了某一個節點的比特幣帳本，必須把這個改變通知散布在世界各地的節點。要如何通知呢？

● 比特幣（Bitcoin）的三大特性

上面提到的三大問題，也就是比特幣的三大特性，簡單說明如下：

- 交易識別確認：使用公開金鑰驗證機制，確認這筆交易的真實性，使用者不可否認，而且是屬於「可驗證的匿名制」，保留貨幣交易的特性。
- 資料無法竄改：使用「區塊」與「鏈結」確保交易資料無法竄改。其中「區塊（Block）」主要是利用計算「條件雜湊（Conditional hash）」的困難度來保護資料；而「鏈結（Chain）」主要是區塊與區塊之間利用「前區塊雜湊（Previousblockhash）」鏈結起來，由於竄改區塊內的交易資料已經很困難，區塊與區塊之間又被鏈結起來，等於竄改一個區塊要把所有的區塊都一起竄改，在合理時間內幾乎不可能。
- 節點資料同步：使用「工作量證明（PoW）」達成節點資料收斂同步，由於比特幣使用「分散式拓樸」，因此保留總困難指數高的分支，刪除困難指數低的分支，最後達成節點資料同步。

由於比特幣不適合即時大量的小額交易，而且比特幣在法規上存有疑義，難以被主管機關接受，因此有人將比特幣的部分技術，主要是保護資料無法竄改的技術，抽離出來尋找新的應用，並且取了新名字「區塊鏈」。所以，這三種技術到底是怎麼做的呢？

第 3 章

比特幣的交易識別確認

3-1 密碼學的特性與原理

3-2 對稱加密（Symmetric encryption）

3-3 非對稱加密（Asymmetric encryption）

3-4 加密貨幣的交易識別確認

3-5 加密貨幣交易所的把戲

加密貨幣與區塊鏈都是使用密碼學演算法運作，而且未來是網路的世界，全網路銀行已經開辦，線上金融是必然的趨勢，而加密技術是線上金融的基礎，雖然接下來的內容稍微有點枯燥，但是非常重要，請忍耐一下好好看完喔！

3-1
密碼學的特性與原理

加密貨幣經由網路交易，因此需要使用加密演算法來確保交易安全，才能不被網路上的怪客(Cracker)盜取，科學家用數學運算的方法來對數位訊號進行加密與解密，我們稱為「密碼學(Cryptography)」。

● 密碼學的特性

使用密碼加密資料來保護資訊安全，主要目的是確保資訊的四種特性：

- 完整性(Integrity)：確保網路所傳輸的資訊與原來的一致，沒有被竄改或偽造。
- 鑑別性(Authentication)：確認網路的使用者或資料傳送者的身分。
- 不可否認性(Non-repudiation)：傳送端不可否認其傳送的資料或完成的交易行為。
- 機密性(Confidentiality)：保護資料內容不讓非法使用者得知。

● 密碼學的原理

密碼學(Cryptography)是由希臘文「kryptos(隱藏)」與「graphein(寫字)」兩個字組成，代表「隱藏的字」，是指利用數學運算對資料加密和解密的科學。密碼系統是由明文、加密演算法、加密與解密金鑰、密文、解密演算法組合而成。「加密(Encrypt)」是傳送端將明文(原文)經由金鑰

(密碼)與加密演算法運算以後得到密文(亂碼)，由於密文就是亂碼沒人看得懂，就算怪客攔劫偷走了也沒用；「解密(Decipher)」是接收端將密文(亂碼)經由金鑰(密碼)與解密演算法運算以後得到明文(原文)，明文就是原本的文字，所以接收端可以看得懂，如圖 3-1 所示：

- 明文(Plaintext)：是指加密前的原始資料。
- 加密演算法(Encryption algorithm)：利用金鑰對明文進行加密運算的數學公式。
- 金鑰(Key)：用來和加密演算法產生特定密文的數字或符號字串，也就是所謂的「密碼」。
- 密文(Ciphertext)：指加密後的資料，如果不知道金鑰，那麼開啟後就是一堆亂碼。
- 解密演算法(Decryption algorithm)：利用金鑰對密文進行解密運算的數學公式。

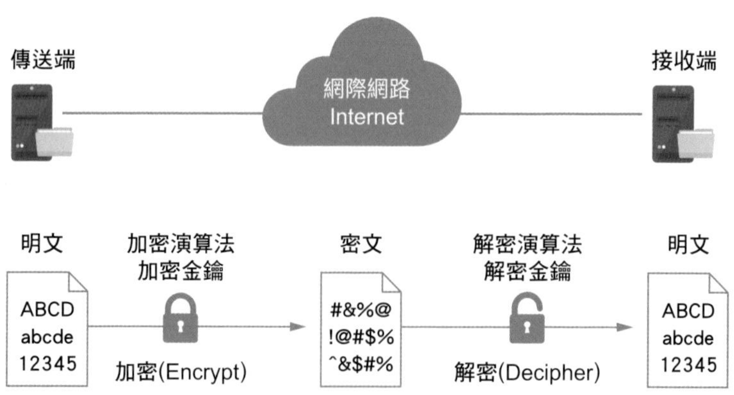

圖 3-1　密碼學的原理：密碼系統是由明文、加密演算法、加密與解密金鑰、密文、解密演算法組合而成。

● 密碼學的核心：金鑰(Key)

金鑰(Key)就是密碼，加密技術的強度愈高，則破解密碼所需要花費的時間與資源愈多，加密強度的高低通常由演算法強度、金鑰保密機制、金鑰長度等因素來決定，柯克霍夫斯原理(Kerckhoff's principle)提到密碼學的重要觀念：**密碼系統的安全性不在於演算法的保密，而是取決於金鑰(Key)的保密，所以金鑰(密碼)的保密才是關鍵。**

「金鑰(Key)」是用來和加密演算法產生密文的數字或符號字串，具有相當的長度，長度通常以位元(bit)為單位。金鑰的長度愈長，密文就愈安全，金鑰通常是演算法裡的一個變數，所以相同的明文與不同的金鑰進行加密會產生不同的密文。

密碼學最基本的概念是：沒有一種百分之百安全的加密技術，任何加密技術都是可以破解的，因此加密系統安全與否的衡量標準在於，破解者需要花費多少時間與成本才能破解？只要破解密碼所需要的成本高於這個資料的價值，或是破解密碼所需要的時間超過這個金鑰的使用壽命，則攻擊者都會放棄破解，如此就達到密碼保護資料的目的了。

加密技術主要可以分為「對稱加密」與「非對稱加密」兩大類，對稱式的加密與解密使用同一把金鑰(秘密金鑰)，非對稱式的加密與解密使用不同的金鑰(私有金鑰與公開金鑰)，我們接下來分別介紹兩種加密技術的原理與應用。

3-2
對稱加密（Symmetric encryption）

對稱加密又稱為「秘密金鑰加密（Secret key encryption）」是指傳送端與接收端雙方都擁有一把相同的「秘密金鑰（Secret key）」，加密與解密使用同一把秘密金鑰，所以稱為「對稱（Symmetric）」，如圖 3-2 所示。

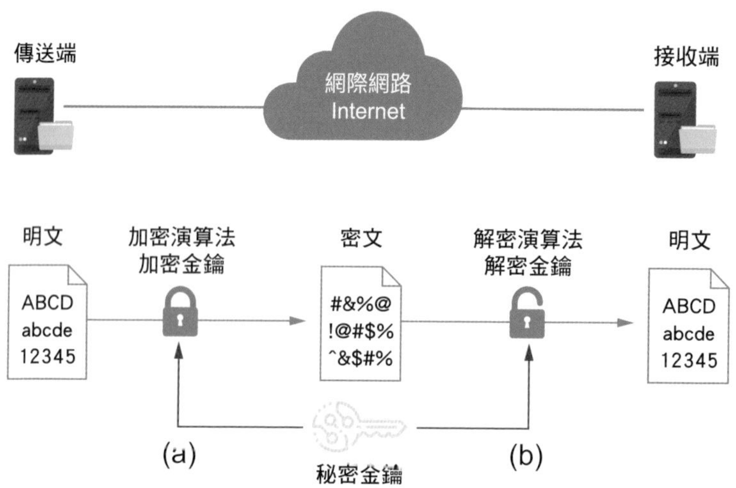

圖 3-2　對稱加密（秘密金鑰加密）的原理。傳送端與接收端雙方都擁有相同的一把秘密金鑰，加密與解密使用同一把秘密金鑰。

● 秘密金鑰加密（Secret key encryption）的原理

➡ 加密（Encrypt）：傳送端將明文（原文）經由秘密金鑰加密以後得到密文（亂碼）再傳送出去，由於密文就是亂碼，沒人看得懂，就算怪客攔劫偷走了也沒用，如圖 3-2(a) 所示。

➡ 解密（Decipher）：接收端將密文（亂碼）經由秘密金鑰解密以後得

到明文(原文)，明文就是原本的文字，所以接收端可以看得懂，如圖 3-2(b) 所示。

● 對稱加密(秘密金鑰加密)的特性

- 優點：密碼比較短(128 或 256 位元)，演算法比較簡單，所以運算速度較快，傳送端與接收端可以使用同一把秘密金鑰，如果使用足夠長度的金鑰則難以破解，安全性高。
- 缺點：傳送端如何將秘密金鑰交給接收端而不被怪客攔劫？因此需要有一個安全機制將秘密金鑰交給接收端，例如可以使用企業已經加密的「虛擬私有網路(VPN：Virtual Private Network)」，問題是如果有加密的網路，那就不必再對這份明文(原文)加密了呀！此外，對稱加密針對每一位傳送端與接收端，都需要產生不同的秘密金鑰，因此必須在電腦裡記錄許多秘密金鑰，這也太麻煩了吧！而且只能提供機密性，無法提供鑑別性與不可否認性。

● 對稱加密(秘密金鑰加密)演算法

對稱加密(秘密金鑰加密)演算法主要有下列三種：

- 資料加密標準(DES：Data Encryption Standard)：是早期使用的對稱加密演算法，1977 年由美國國家標準技術協會(NIST：National Institute of Standards and Technology)採用為聯邦資訊處理標準，主要的概念是利用「混淆(Confusion)」與「擴散(Diffusion)」的原理來進行數學加密運算。混淆就是將明文轉換成不同的樣子，讓金鑰和密文關係盡量複雜化，使別人無法破解；擴散則是讓明文中的任何一小部分改變都會擴散影響到密文，讓接收端確定文件沒有被竄改。

- 三資料加密標準(TDES/3DES：Triple Data Encryption Standard)：1992年科學家發現可以反覆使用DES加密或解密三次來增加強度，由於要使用三次DES運算，因此速度較慢，但是安全性較高。
- 進階加密標準(AES：Advanced Encryption Standard)：1997年美國國家標準技術協會(NIST)為了取代DES，而公告徵求下一代的資料區段(Block)加密演算法，主要是用來保護敏感(Sensitive)但是非機密(Unclassified)的資料，2000年宣布比利時的戴蒙(Joan Daemen)與萊門(Vincent Rijmen)兩位密碼學家所提出的演算法贏得這項徵選活動，並作為新一代的加密標準，目前廣泛使用在各種科技產品中。AES採用128、192或256位元的金鑰對128位元的資料區段(Block)進行加密，金鑰愈長，加密效果愈好。

注意

科學家發現使用量子電腦(Quantum computer)結合「葛洛夫演算法(Grover algorithm)」能夠進行「隨機的資料庫搜尋」，就可以搜尋最大值、最小值、平均值，或暴力破解對稱加密演算法。這就是為什麼未來量子電腦成熟後，對整個產業會有重大的衝擊，必須提早因應。

3-3
非對稱加密（Asymmetric encryption）

非對稱加密又稱為「公開金鑰加密（Public key encryption）」，每一位使用者必須自行產生自己所擁有的「金鑰對（Key pair）」，包括一把「私有金鑰（Private key）」與一把「公開金鑰（Public key）」，加密與解密使用不同的金鑰，所以稱為「非對稱（Asymmetric）」。

● 公開金鑰加密（Public key encryption）的原理

使用者必須秘密地保存自己的私有金鑰，並且在網路上發布公開金鑰，因此任何人都要保管好自己的私有公鑰不可洩漏。任何人都可以取得對方的公開金鑰，而且兩把金鑰是成對的，意思是：使用公開金鑰加密就必須使用私有金鑰解密，如圖 3-3(a) 所示；同理，使用私有金鑰加密就必須使用公開金鑰解密，如圖 3-3(b) 所示。

- 加密（Encrypt）：傳送端將明文（原文）經由接收端的公開金鑰加密以後得到密文（亂碼）再傳送出去，由於密文就是亂碼沒人看得懂，就算怪客偷走了也沒用。
- 解密（Decipher）：接收端將密文（亂碼）經由自己的私有金鑰解密以後得到明文（原文），明文就是原本的文字，所以接收端可以看得懂。

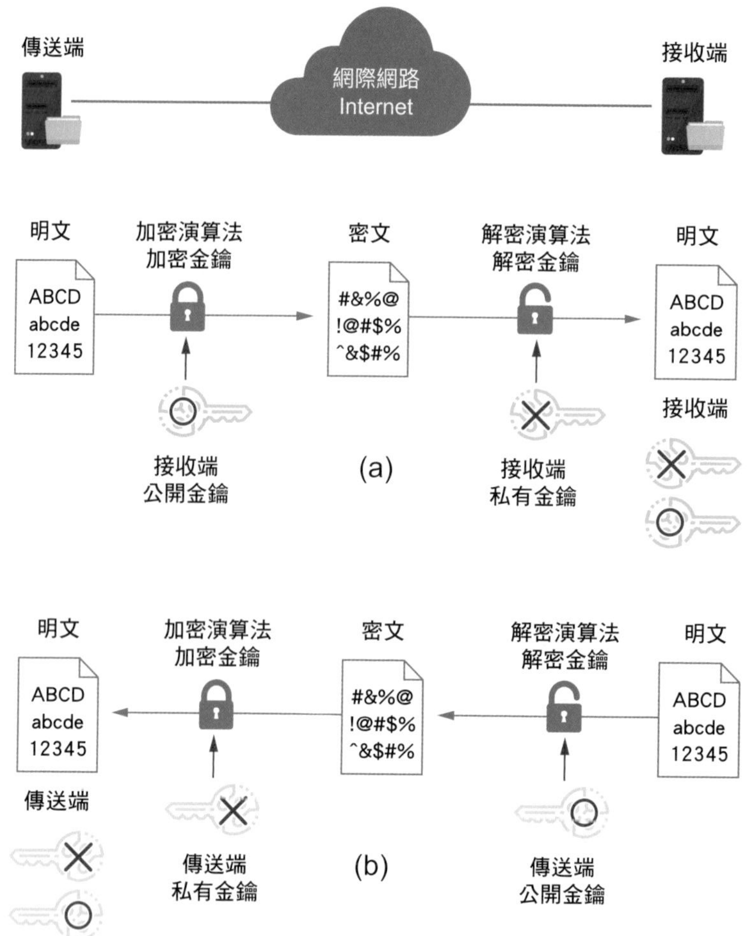

圖 3-3　非對稱加密（公開金鑰加密）技術的原理。(a) 公開金鑰加密流程：傳送端使用接收端的公開金鑰加密，接收端使用自己的私有金鑰解密；(b) 公開金鑰驗證流程：傳送端使用自己的私有金鑰加密（簽署），接收端使用傳送端的公開金鑰解密（確認簽署者）。

由於任何人都可以取得對方的公開金鑰，但是無法取得對方的私有金鑰，因此使用對方的公開金鑰加密，只有對方的私有金鑰才能解密，全世界其他任何人都無法解密，從而達到加密的效果。

● 公開金鑰驗證（Public key certificate）的原理

使用者必須秘密地保存自己的私有金鑰，並且在網路上發布公開金鑰，因此任何人都要保管好自己的私有公鑰不可洩漏。任何人都可以取得對方的公開金鑰，而且兩把金鑰是成對的，意思是：使用私有金鑰加密就必須使用公開金鑰解密，如圖 3-3(b) 所示。

- 加密（Encrypt）：傳送端將明文（原文）經由自己的私有金鑰加密以後得到密文（亂碼）再傳送出去，這個加密的動作又稱為「簽署（Signature）」。
- 解密（Decipher）：接收端將密文（亂碼）經由傳送端的公開金鑰解密以後得到明文（原文），明文就是原本的文字，所以接收端可以看得懂，這個解密的動作又稱為「確認簽署者（Certificate）」。

由於任何人都可以取得對方的公開金鑰，意思是任何人都可以將這個密文（亂碼）攔劫，再使用傳送端的公開金鑰解密，所以內容就被看光光了！因此這種方法不是用來「加密（Encryption）」，而是用來「驗證（Certificate）」。試想，如果我用傳送端的公開金鑰可以解密，就代表這份文件是傳送端的私有金鑰加密的，而全世界只有傳送端有自己的私有金鑰，所以可以確認這份文件是傳送端寄出來的，而且傳送端不可否認。

● 非對稱加密（公開金鑰加密）的特性

- 優點：公開金鑰可以公開傳送，不必使用安全機制，也不必針對每一位傳送端與接收端產生不同的秘密金鑰，更不必在電腦裡記錄許多秘密金鑰，而且可以同時提供機密性、鑑別性、不可否認性。
- 缺點：密碼比較長（1024 或 2048 位元），演算法比較複雜，所以運算速度較慢。值得注意的是，非對稱加密技術並不是要用來取代對稱加密技術，而是用來彌補對稱加密的不足，以加強安全性，由於兩者各有優劣，實務上經常合併使用。

● 非對稱加密（公開金鑰加密）演算法

非對稱加密（公開金鑰加密）演算法主要有下列三種：

- RSA演算法：1978 年，李維斯特（Ron Rivest）、薩莫爾（Adi Shamir）及阿德曼（Leonard Adleman）三位學者發現對極大的整數做因數分解是很困難的，因此可以用來作為非對稱加密演算法。首先我們必須找到兩個極大的質數作為加密與解密的金鑰對（Key pair），分別為「私有金鑰（Private key）」與「公開金鑰（Public key）」，目前普遍應用在電子商務交易。RSA演算法的安全性決定於對極大整數做因數分解的困難度，換句話說，對極大的整數做因數分解愈困難，RSA演算法愈安全。儘管如此，假如有人找到一種快速因數分解的演算法，那麼RSA加密的安全性就會下降，但是找到這種演算法的可能性極低，只要金鑰的長度夠長，理論上RSA加密是不容易破解的。

不幸的是，目前雲端運算技術愈來愈成熟，極大的整數做因數分解變得容易，2009 年 768 位元的RSA密碼被破解，讓科學家覺得現在通行的 1024 位元金鑰可能不夠安全，因此開始有人建議應該升級到 2048 位元以上才算安全。

- 數位簽章演算法(DSA：Digital Signature Algorithm)：科學家發現整數有限域離散對數求解是很困難的，因此可以用來作為非對稱加密演算法，1994 年美國正式公佈數位簽章標準(DSS：Digital Signature Standard)，是目前重要的數位資料防偽技術，可以取代傳統的簽名或蓋章。同樣的，這種演算法具有加密與解密的金鑰對(Key pair)，分別為「私有金鑰(Private key)」與「公開金鑰(Public key)」，可以確保資料在網路傳輸過程中沒有被竄改，而且能鑑別傳送者的身分，並防止事後傳送者否認傳送過這個資料。目前國內網路的電子簽章大多使用這種演算法，應用在電子公文、電子契約、電子支票、軟體防偽、網路報稅等，不同文件由相同的簽署者簽署時，產生的數位簽章不同；相同文件由不同的簽署者簽署時，產生的數位簽章也不同。
- 橢圓曲線密碼(ECC：Elliptic Curve Cryptography)：1985 年由柯布立茲(Neal Koblitz)與米勒(Victor Miller)各別基於橢圓曲線數學運算而發展的一種非對稱加密演算法。在相同的安全強度下，它的金鑰長度比其他公開金鑰演算法(例如：RSA演算法)還要短，而且運算速度較快，換句話說，ECC金鑰的每個位元所能提供的安全性超過其他非對稱加密演算法，因此非常適合應用在智慧卡、智慧型手機、無線行動裝置等記憶體有限的電子產品中，可以用來做加密、解密、數位簽章、金鑰交換等。

注意

科學家發現使用量子電腦（Quantum computer）結合「秀爾演算法（Shor algorithm）」可以進行「大數的質因數分解」，就可以暴力破解非對稱加密演算法，而目前所有的區塊鏈與加密貨幣都是使用這種演算法。這就是為什麼未來量子電腦成熟後，對整個產業會有重大的衝擊，必須提早因應。

● 對稱加密與非對稱加密的比較

值得注意的是，非對稱加密技術並不是要用來取代對稱加密技術，而是用來彌補對稱加密的不足以加強安全性，由於兩者各有優劣，實務上經常合併使用。對稱加密與非對稱加密的比較，如表 3-1 所示。

表 3-1　對稱加密與非對稱加密的比較

名稱	對稱加密	非對稱加密
別名	秘密金鑰加密	公開金鑰加密
金鑰	加密與解密使用相同金鑰	加密與解密使用不同金鑰
金鑰保存	秘密金鑰不可公開	私有金鑰不可公開 公開金鑰必須公開
金鑰數目	與多人交換資料，則必須保管多把秘密金鑰	無論與多少人交換資料，只需要保管私有金鑰
加密速度	演算法較簡單，速度較快	演算法較複雜，速度較慢
應用	用來加密較長的資料 例如：電子郵件	用來加密較短的資料 例如：數位簽章

3-4
加密貨幣的交易識別確認

比特幣的交易識別確認是使用公開金鑰驗證機制，確認這筆交易的真實性，使用者不可否認，而且是屬於「可驗證的匿名制」，保留貨幣交易的特性。匿名制可以保留使用者的隱私權，但是卻使比特幣成為洗錢的管道，監管機關必須及早因應。

● 可驗證的匿名制

比特幣的使用者安裝手機應用程式「比特幣電子錢包」，由電子錢包產生「私有金鑰」與「公開金鑰」，使用者必須秘密地保存自己的私有金鑰，並且在網路上發布公開金鑰，因此礦工擁有任何使用者的公開金鑰。

假設Alice支付Bob金額10BTC購買一顆蘋果，則她的比特幣電子錢包會使用Alice的私有金鑰將訊息加密，這個動作稱為「數位簽章（Digital signature）」，想想這不就好像我們在交易文件上簽名一樣嗎？接下來再將訊息傳送給節點A的礦工，礦工再使用Alice的公開金鑰將訊息解密完成驗證，如圖3-4所示，如果真的可以解開，代表這個訊息確認是由Alice發出來的，而且Alice不可否認，因為只有Alice的公開金鑰能夠解開Alice私有金鑰加密過的訊息。

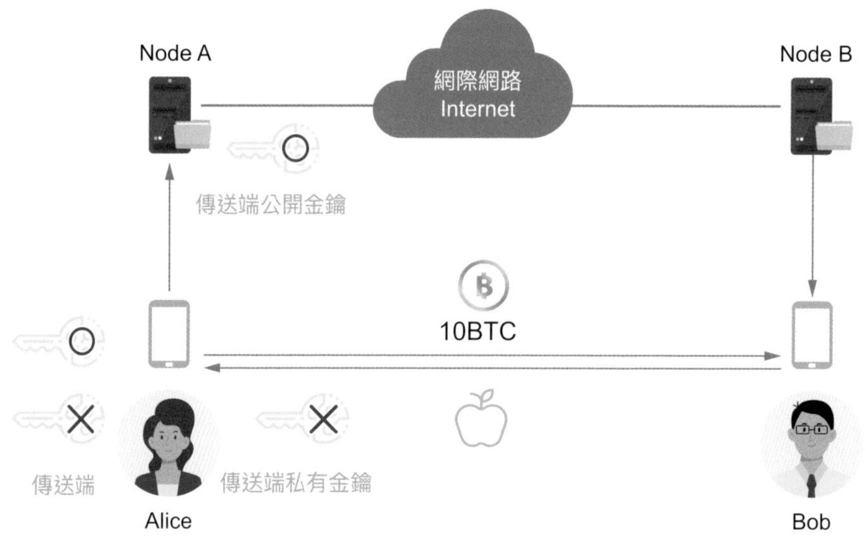

圖 3-4　可驗證的匿名制：電子錢包會使用 Alice 的私有金鑰將訊息加密，礦工再使用 Alice 的公開金鑰將訊息解密完成驗證。

事實上，礦工只是使用Alice的公開金鑰去「驗證」這個交易是真的，並不知道這個金鑰的主人是Alice，因為Alice的電子錢包在產生私有金鑰與公開金鑰的時候並沒有做身分驗證，意思是金鑰與人之間沒有關聯，因此稱為「可驗證的匿名制」。匿名制保留了使用者的隱私權，卻使比特幣成為洗錢的管道。

● 可驗證的實名制：自然人憑證

要使公開金鑰驗證成為實名制其實很簡單，就是由一個具有公信力的單位進行身分驗證，例如我們申請的自然人憑證就是到戶政事務所，由職員確認我們的身分後給我們一張自然人憑證，裡面其實就是記錄了一組私有金鑰與公開金鑰，而這組密碼對應到哪一個人，則記錄在戶政事務所的電腦裡，如圖 3-5 所示。

當使用者報稅時，坐在家裡上網連結到國稅局的電腦，查詢自己的所得紀錄，使用者以自己的私有金鑰加密訊息後傳送到國稅局的電腦，國稅局則以使用者的公開金鑰解密後完成驗證，同時連線戶政事務所的電腦，就能確定使用者的身分，意思是金鑰與使用者之間有關聯，因此稱為「可驗證的實名制」。

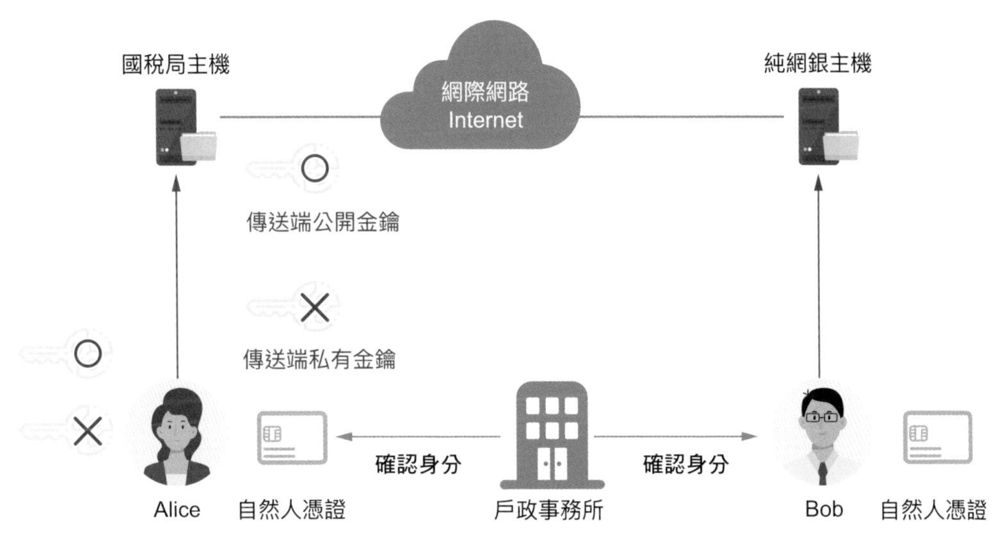

圖 3-5　可驗證的實名制：自然人憑證是使用者以自己的私有金鑰加密訊息後傳送到國稅局的電腦，國稅局則以使用者的公開金鑰解密後完成驗證。

● 熱錢包 (Hot wallet) 與冷錢包 (Cold wallet)

在這個例子裡，使用者的「私有金鑰」就好像我們到銀行開戶存款的「私章」一樣，如果我的私章弄丟了，可以拿身分證到銀行櫃台換一個私章；但是在加密貨幣的世界裡，如果把私有金鑰弄丟了，要交易比特幣的時候就沒辦法用私有金鑰加密交易訊息，礦工就無法使用公開金鑰解密完成驗證，因此交易無法進行，這時使用者的比特幣就會卡在礦工的電腦裡，那就變成廢物了！

同樣的道理，如果使用者的私有金鑰被怪客給偷走了，那怪客就可以使用這個私有金鑰加密交易訊息，礦工就可以使用公開金鑰解密完成驗證，於是就把比特幣給偷走了！因此使用者必須謹慎保管並且備份自己的私有金鑰，絕對不可以弄丟。

由於電腦或手機時時刻刻連結網路，怪客隨時都有可能駭進我們的電腦或手機裡偷走私有金鑰，該如何預防呢？最簡單的方法，就是把私有金鑰儲存在沒有連結網路的裝置裡。如果把私有金鑰儲存在隨時連結網路的電腦或手機的應用程式電子錢包，稱為「熱錢包 (Hot wallet)」；把私有金鑰儲存在沒有連結網路的裝置裡，則稱為「冷錢包 (Cold wallet)」。

3-5
加密貨幣交易所的把戲

最先取得比特幣的是礦工，如果我想要擁有比特幣，卻不想採礦怎麼辦？當然就是和手中有比特幣的礦工買呀！問題是我不認識礦工怎麼辦？可以到加密貨幣交易所跟別人買，但是我們彼此不認識，該怎麼辦呢？因此，加密貨幣交易所的工作就是媒合買賣雙方交換比特幣和現金；就好像我手上有台積電股票想賣，你的手上有現金想買台積電股票，我們可以找上證券交易所媒合買賣雙方交換股票和現金。千萬別小看加密貨幣交易所，許多創辦人年紀都不到30歲，由於早期投入比特幣採礦，因此許多人身價都有幾十億、上百億，而且比特幣暴漲暴跌，因此他們真的是「一秒鐘幾十萬上下」。

● 加密貨幣交易所的運作方式

如圖3-6所示，Alice有比特幣想賣，Bob有現金想買比特幣，因此可以到加密貨幣交易所進行交易，Alice把1枚比特幣匯給Bob，這筆交易傳送並記錄在比特幣的礦工電腦裡，同時Bob把100美元匯給交易所，其中10美元被交易所收走作為手續費，另外90美元匯入Alice帳戶裡，所有現金交易都是經由交易所，與礦工沒有關係。

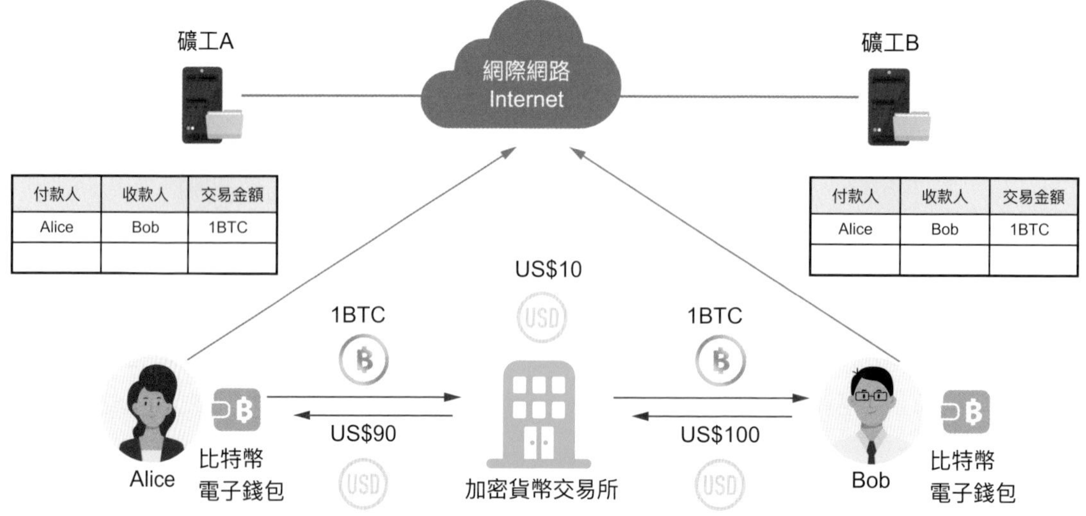

圖 3-6　加密貨幣交易所的運作方式。Alice 把 1 枚比特幣匯給 Bob，這筆交易傳送並記錄在比特幣的礦工電腦裡。

這裡介紹的只是概念而已，我們後面將會介紹，全世界的礦工平均每秒最多只能處理 6.82 筆交易，如果使用者每筆比特幣的交易都要記錄到礦工電腦裡，那不是太慢了嗎？因此許多交易所並不是這樣做的。當Alice有比特幣想賣，交易所可以用自己的現金買下來，當Bob有現金想買比特幣，交易所可以把自己持有的比特幣賣給Bob，而且這些交易可以「暫時記錄」在交易所的伺服器裡（中心化），意思是只需要在Alice的電子錢包上顯示她有 100 美元，在Bob的電子錢包上顯示他有 1 枚比特幣，我稱之為「內帳」。當Alice要把現金領走時，交易所再把現金匯入她的銀行帳戶，稱為「出金」；當Bob要把比特幣傳送到另外一個交易所或私人帳戶時，再寫進礦工的電腦裡（去中心化），我稱之為「外帳」。

因此交易所就像一個「水池（Pool）」一樣，具有調節的功能，問題是，如果短時間一堆人想賣比特幣，同時把現金領走，那交易所可能一下子拿不出這麼多現金，只能把比特幣賣掉，如果沒人想買怎麼辦？當加密貨幣大跌時，使用者一定是急著賣比特幣，同時把現金領走出金，而大跌時想買比特幣的人變少。2022 年加密貨幣大崩跌，就是因為這個原因，才造成許多加密貨幣交易所暫停出金。

而且，既然內帳是交易所用自己的伺服器來記錄，那每秒要記錄多少筆交易都可以，完全不受礦工的影響。問題是沒有把交易記錄到礦工電腦裡 (外帳)，就代表我們要完全信任交易所，哪天交易所被怪客攻擊或創辦人捲款潛逃而倒了，那記錄在交易所伺服器 (內帳) 裡的比特幣不是全部泡湯了嗎？之前有交易所宣稱發明了一種創新技術，可以讓比特幣每秒進行幾十萬筆交易，用的就是這種方法。大家還以為又出現了什麼偉大的創新發明，了解之後才明白，這不過是障眼法而已！

●加密貨幣市場有那些把戲可以玩？

由於目前所有的加密貨幣交易所都是私人開設，因此素質良莠不齊，使用者必須小心，確認比特幣是否真的匯入自己的比特幣電子錢包金鑰裡，而不只是記錄在交易所的電腦而已。此外，交易所和比特幣帳本 (區塊鏈) 沒有關係，因此比特幣帳本很安全無法被怪客竄改，不代表交易所的資料庫很安全無法被怪客竄改，同時也要小心交易所會不會忽然倒閉捲款潛逃，因此還是找有品牌的大型交易所比較安全。

首先我們要記得，加密貨幣的玩法和股票完全一樣，過去 30 年那些股市炒手在股票市場上做了什麼，今天的加密貨幣炒手就做一樣的事。唯一的差別是，在股票市場上這麼做會被金管會盯上，是違法行為；但是在加密貨幣市場上做同樣的事沒人會盯上，因為加密貨幣不是有價證券，也不是法幣，因此無法可管。

●交易所免手續費也能賺錢!?

此外，之前也有交易所宣稱發明了一種創新技術，可以不收手續費免費替使用者交易，用這個方法吸引客戶。問題是，不收手續費那交易所要賺什麼？方法其實很簡單，因為比特幣的價格不像證券交易有監管機關公開透明，因此交易所可以隱瞞價格，告訴Alice說有人想用90元買比特幣，同時告訴Bob說有人想用100元賣比特幣，因為買賣雙方互不認識，於是都同意了，結果交易所收了Bob支付的100元，但是只付給Alice其中的90元，價差10元不就落入交易所的口袋了嗎？許多人以為這是什麼創新技術，了解之後才明白，這不過又是障眼法而已！在真實的世界裡，受監管的證券交易所能幹這種事嗎？當然不行。但是加密貨幣交易所都是私人的，所以「偷拐搶騙沒人管，愛怎麼做都行」。

●左手丟右手，拉抬價格、吸引散戶，再割韭菜！

「韭菜」這個字起源於中國大陸，在加密貨幣市場的大戶眼裡，總會有源源不絕的散戶投入市場，這些人被戲稱為「韭菜」。這些散戶容易追高殺低，隨著價格上漲不停買進，使價格繼續像韭菜一樣往上生長，等漲到差不多的時候，大戶們再大舉賣出讓價格大跌，這些散戶就會被套牢在高價位，最後受不了認賠出場，這就是所謂的「割韭菜」。

問題是，要如何在不投入大量現金的情況下把加密貨幣的價格拉高呢？最簡單的方法就是在交易所開「左手」和「右手」兩個帳戶，如果開戶必須實名制，則要借用人頭帳戶，總之先由左手下單買進、右手賣出，再用更高的價格由右手下單買進、左手賣出，重複這個步驟就可以不停拉高加密貨幣的價格。這種手法是不是似曾相識呢？30 年前的股市炒手就是這麼做的。

● 加密貨幣交易所的安全性

如果使用者在加密貨幣交易所開戶，當自己的私有金鑰弄丟時，一定會找上交易所解決問題，因此某些交易所會替客戶保管私有金鑰。這個行為如同銀行替客戶保管私章一樣，金融法規嚴禁銀行替客戶保管私章，而加密貨幣交易所都是私人的，所以「偷拐搶騙沒人管，愛怎麼做都行」。

如果加密貨幣交易所將客戶的私有金鑰保管在伺服器裡，怪客就有可能攻擊伺服器，偷走客戶的私有金鑰，並使用這個私有金鑰加密交易訊息，礦工就可以使用公開金鑰解密（驗證），於是就把比特幣給偷走了！而且怪客攻入伺服器通常都是偷走一堆金鑰，因此金額通常都很大，這就是為什麼我們常聽到有新聞報導說某某交易所被怪客攻擊，而且偷走的金額都是數十億美元的原因了！

因此大部分加密貨幣交易所只會保留少部分私有金鑰在「熱錢包」裡，應付線上即時交易；大部分私有金鑰則保存在「冷錢包」，避免怪客入侵。我曾經拜訪臺灣一家大型的加密貨幣交易所，和他們聊天時提到所謂的冷錢包也不安全，因為快閃記憶體可能會故障。沒想到他們跟我說，他們還有最終極的招術，就是用印表機把私有金鑰印出來鎖在保險櫃裡，我聽了之後開玩笑地表示，這個方法應該叫做「冰錢包」。

第 4 章

比特幣的採礦

一種唬人的雕蟲小技

4-1 雜湊演算法（Hash algorithm）

4-2 比特幣的區塊（Block）

4-3 比特幣的採礦運算

4-4 比特幣的特性與用途

4-5 比特幣的鏈結（Chain）

4-6 節點資料同步

4-7 常見的區塊鏈演算法

比特幣是區塊鏈技術的起源，要了解區塊鏈，必須先了解什麼是「採礦(Mining)」。由於區塊鏈是資訊科技的專業，而非資訊科技背景的人，往往看到一堆程式碼就覺得眼花撩亂，誤以為它是什麼偉大的科技。事實上採礦只是一種唬人的雕蟲小技，卻浪費了人類珍貴的電力。由於臺灣近年來電力吃緊，政府應該立法以價格或總量限制大型加密貨幣礦場的採礦行為，將電力應用在半導體、工業發展、智慧農業、民生消費等領域，才有意義！

4-1
雜湊演算法（Hash algorithm）

雜湊演算法是一種從任何資料中建立「數位指紋（Digital fingerprint）」的方法，可以將任何長度的資料轉換成一個長度較短的「雜湊值（Hash）」，又稱為「訊息摘要（MD：Message Digest）」。

● 雜湊演算法（Hash algorithm）的原理

如圖 4-1 所示，左邊的文件一內容為「小明欠小華 10 元」，右邊的文件二內容為「小明欠小華 5 元」，由於電腦只認得 0 與 1，因此不論文字或數字，儲存在電腦裡都是 0 與 1，不同的文字或數字，0 與 1 的排列組合就不同，因此我們可以直接比對兩份文件 0 與 1 的排列組合，就能確定內容有沒有一樣，但是科學家發明了雜湊演算法，可以更快完成比對。

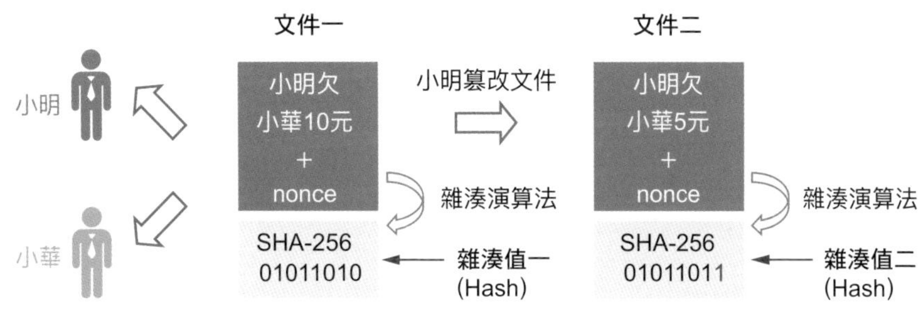

圖 4-1　雜湊演算法（Hash algorithm）的原理：使用同一個隨機數（Nonce）分別計算文件一與文件二的雜湊值，如果雜湊值不同，代表文件內容不同。

首先假設一個變數「隨機數(Nonce)」，在這裡多少都可以，我們假設Nonce=100：

- 左邊的文件一：小明欠小華10元(儲存在電腦裡是一串數字)，與Nonce=100進行雜湊演算法之後，得到雜湊值一為「01011010」。
- 右邊的文件二：小明欠小華5元(儲存在電腦裡是一串數字)，與Nonce=100進行雜湊演算法之後，得到雜湊值二為「01011011」。

我們只要比對雜湊值一(01011010)與雜湊值二(01011011)不同，就可以確定文件一與文件二內容不同，不必真的比對文件的內容。由於雜湊值是一串比較短的數字，因此比對雜湊值比較快，就好像我們要比對兩個人是不是同一個人，不必從頭比到腳，只要比對指紋就可以了，指紋是我們的特徵！而「雜湊值(Hash)」就是文件的「特徵值」，因此稱為「數位指紋(Digital fingerprint)」。

●雜湊演算法(Hash algorithm)的特性

雜湊演算法具有下列三種特性：

- 不可逆性(Irreversible)：無法由運算後的雜湊值反推運算前的資料內容。
- 擴散性(Diffusion)：資料中任何一個小地方的變更都會擴散影響到雜湊值。
- 抗碰撞性(Collision resistance)：不同的資料會運算出不同的雜湊

值，很難找到兩個不同的資料具有相同的雜湊值，這個特性與人類的指紋一樣，很難找到兩個不同的人具有相同的指紋，因此稱為「數位指紋（Digital fingerprint）」。

● 雜湊演算法（Hash algorithm）的種類

雜湊演算法主要有下列三種：

➡ 訊息摘要（MD：Message Digest）：早期使用較舊版本的MD2與MD4，1991年由科學家李維斯特（Ronald Rivest）經由MD4改良設計了安全性更高的MD5演算法，輸入的資料會先被切割成許多512位元的資料區段（Block）來進行運算，經由MD5演算法可以得到一個128位元的雜湊值（訊息摘要），但是目前MD5演算法已經被破解。

➡ 安全雜湊演算法（SHA：Secure Hash Algorithm）：由美國國家標準技術協會（NIST）所發展出來，目的是支援數位簽章標準（DSS）所需要的雜湊演算法，輸入的資料會先被切割成許多512位元的資料區段（Block）來進行運算，經由SHA演算法可以得到160位元的雜湊值，因為雜湊值多了32位元，所以比MD5強度更高更安全，接著後來又發展出改良的SHA-1、SHA-224、SHA-256、SHA-384、SHA-512等五種版本，由美國國家安全局（NSA：National Security Agency）設計，並且由美國國家標準技術協會（NIST）公布，後面四種版本又被稱為SHA-2，但是目前已經有人提出理論上破解SHA-1演算法的方法，因此SHA-1的安全性被科學家質疑，還好尚未出現破解SHA-2的方法，因此目前仍然在使用。

➡ 完整原始評估訊息摘要（RIPEMD-160）：全名為「RACE Integrity Primitives Evaluation Message Digest」，由歐洲先進通訊研究（RACE）評估的計畫發展而來，使用與MD4類似的演算法，我們輸入的資料會先被切割成許多512位元的資料區段（Block）來進行運算，經由RIPEMD-160演算法可以得到160位元的雜湊值。

4-2
比特幣的區塊（Block）

前面介紹過，**區塊就是存摺，區塊鏈就是存摺鏈（很多本存摺），因此區塊鏈只是一種記錄資料的「資料結構**(Data structure)」。比特幣的區塊鏈（比特幣帳本）就像是銀行存摺記錄了我們的財產，這麼重要的東西儲存在一萬多個彼此互相不認識，我們也不認識的礦工電腦裡，怎麼能放心呢？

● 區塊（Block）的內容

我們的銀行存摺也是一種資料結構，主要內容有欄位名稱與欄位內容，例如：日期、摘要、提款、存款、結餘等，如第二章圖 2-7 所示。同樣的道理，比特幣的區塊鏈也有欄位名稱與欄位內容，如圖 4-2 所示：

➡ 雜湊（Hash）：記錄表頭的雜湊值。

"hash"：利用雜湊演算法(Hash algorithm)計算出表頭(Header)的雜湊值(Hash)，使用 16 進位。

➡ 表頭（Header）：記錄這個區塊的重點欄位。

"previousblockhash"：記錄前一個區塊(Block)的雜湊值(Hash)，使用 16 進位。

"difficulty"：雜湊值(Hash)必須小於「困難指數(Difficulty)」。

"time"：代表這個區塊產生的時間，以Unix作業系統格式表示。

"nonce"：計算表頭(Header)的雜湊值(Hash)所使用的變數稱為「隨機數(Nonce)」。

"merkleroot"：儲存「交易（Transaction）」的摘要值（Summary），使用 16 進位。

➡ 交易（Transaction）：記錄使用者的比特幣交易。

"tx"：儲存比特幣交易紀錄的欄位，使用 16 進位，圖 4-2 只列出 2 筆交易，每一個區塊可以儲存 4,096 筆交易，是比特幣區塊鏈裡最重要的欄位，也是怪客最想攻擊的欄位，因為它記錄了每一位使用者的財產，而怪客想要偷走這些財產。

➡ 其他欄位：記錄其他訊息。

"confirmations"：代表這個區塊（Block）被確認了 35,561 次，這個區塊後面每增加一個區塊，代表這個區塊再被確認一次，愈多次的確認代表這個區塊在鏈中的位置愈穩固，愈不可能會再被竄改。

"height"：代表這是比特幣區塊鏈的第 277,316 個區塊（Block），也就是比特幣存摺鏈的第 277,316 本存摺。

```
{
"hash" "0000000000000001b6b9a13b095e96db41c4a928b97ef2d944a9b31b2cc7bdc4", 雜湊(Hash)
"previousblockhash": "0000000000000002a7bbd25a417c0374cc55261021e8a9ca74442b01284f0569",
"difficulty": 1180923195.25802612, 0000000000000003a30c00000000000000000000000000000000000000000000
"time": 1388185914,
"nonce": 924591752, 以表頭 (Header) 計算雜湊 (Hash)                                表頭(Header)
"merkleroot" "c91c008c26e50763e9f548bb8b2fc323735f73577effbc55502c51eb4cc7cf2e",
"version": 2, 「交易 (Transaction)」的「摘要 (Summary)」儲存在merkleroot內
"tx": ["d5ada064c6417ca25c4308bd158c34b77e1c0eca2a73cda16c737e7424afba2f",交易(Transaction)
   "b268b45c59b39d759614757718b9918caf0ba9d97c56f3b91956ff877c503fbe", ……], 總共4096筆
"confirmations": 35561, ——→ 這個區塊被確認了35561次(後面接著35561個區塊)
"height": 277316, ——→ 比特幣區塊鏈的第277316個區塊(Block)
"chainwork": "000000000000000000000000000000000000000000000934695e92aaf53afa1a",
"nextblockhash": "000000000000000010236c269dd6ed714dd5db39d36b33959079d78dfd431ba7",
}
```

圖 4-2　比特幣區塊鏈的第 277,316 個區塊（Block）的內容，具有雜湊（Hash）、表頭（Header）、交易（Transaction）等欄位。

● 比特幣區塊（Block）的運算

比特幣帳本經由「區塊（Block）」與「鏈結（Chain）」兩種技術確保交易紀錄無法竄改，才能讓我們放心，因此把這種技術稱為「區塊鏈（Blockchain）」，而這兩種技術必須使用「雜湊演算法（Hash algorithm）」進行一種特別的運算，也就是所謂的「採礦（Mining）」。很多人以為這是什麼偉大的創新發明，其實它不過是個比大小的數學運算，我們稱為「條件雜湊（Conditional hash）」，簡單到連小朋友都會，因此我戲稱它是一種唬人的雕蟲小技。那麼，採礦到底是如何進行的呢？

1. 首先礦工要收集大約 4,000 筆比特幣的交易，並且最後再加上第 4,001 筆無中生有的礦工獎勵金，寫入「交易（Transaction）」。
2. 計算「交易（Transaction）」的摘要值（Summary）儲存在「"merkleroot"」欄位內，摘要值和雜湊值的計算概念類似，就是把 4,001 筆交易資料的特徵值計算出來。
3. 將「表頭（Header）」的資料經由雜湊演算法（SHA-256）計算出雜湊值（Hash）儲存在「"hash"」欄位內。

● 駭客攻擊礦工電腦裡的區塊竄改交易紀錄

假設駭客入侵礦工的電腦竄改「交易（Transaction）」的任何一個數字，他就必須重新計算摘要值（Summary）並且竄改「"merkleroot"」欄位，這樣才不會被抓到；不然只要有任何人計算交易的摘要值再比對「"merkleroot"」欄位，結果數值不同，就會發現這個區塊的交易紀錄被竄改過。

但是改了「“merkleroot”」欄位代表「表頭(Header)」的資料就改變了，因此怪客必須重新計算「表頭(Header)」的雜湊值(Hash)並且竄改「“hash”」欄位，這樣才不會被抓到；不然只要有任何人計算表頭的雜湊值再比對「“hash”」欄位，結果數值不同，就會發現這個表頭的資料被竄改過。

●採礦是為了確保交易紀錄無法竄改

採礦具體的方法是讓「“hash”」欄位很難竄改，由圖 4-2 可以看出，假設「“hash”」欄位很難竄改，那「表頭(Header)」的資料就很難竄改，而表頭的資料很難竄改則「“merkleroot”」欄位就很難竄改，而「“merkleroot”」欄位很難竄改則「交易(Transaction)」就很難竄改，這樣就可以確保交易資料無法竄改。

問題是現在的電腦計算速度都很快，計算雜湊值(Hash)只需要 0.1 秒，意思是怪客只要入侵礦工的電腦，竄改「交易(Transaction)」，再花 0.1 秒重新計算摘要值(Summary)並且竄改「“merkleroot”」欄位，再花 0.1 秒重新計算「表頭(Header)」的雜湊值(Hash)並且竄改「“hash”」欄位，這樣就改完了！該怎麼確保交易紀錄無法竄改呢？

4-3
比特幣的採礦運算

採礦具體的方法是讓「"hash"」欄位很難竄改，但是現在的電腦計算速度都很快，計算雜湊值 (Hash) 只需要 0.1 秒，該怎麼辦呢？其實只要設定一個最大值「困難指數 (Difficulty)」就可以了，如果雜湊值隨便算都可以，那就很容易；如果雜湊值必須小於一個最大值 (困難指數)，那不就困難了嗎？這麼簡單的方法你想到了嗎？

● 區塊 (Block) 的意義：條件雜湊 (Conditional hash)

比特幣最大的創新就是中本聰 (Satoshi Nakamoto) 發明的採礦，也就是我所謂的雕蟲小技，其實就是規定**「表頭 (Header)」的雜湊值** (Hash)，**也就是「"hash"」欄位必須小於最大值「困難指數** (Difficulty)」，這個區塊才是合法的，稱為「條件雜湊 (Conditional hash)」，如圖 4-2 所示：

Hash=0000000000000001b6b9a13b095e96db41c4a928b97ef2d944a9b31b2cc7bdc4

Difficulty=1180923195.25802612，中間的「.」不是小數點而是分隔符號，實際上的困難指數必須代入一個指數公式，轉換成下面的數字：

Difficulty=0000000000000003a30c00000000000000000000000000000000000000000000

我們再看一次，**雜湊值** (Hash) **的第一位是** 1，**困難指數** (Difficulty) **的第一位是** 3，**顯然** Hash<Difficulty，代表這個區塊是合法的。

●比特幣採礦的步驟

1. 首先礦工要收集大約 4,000 筆比特幣的交易，並且最後再加上第 4,001 筆無中生有的礦工獎勵金，寫入「交易 (Transaction)」。
2. 計算「交易 (Transaction)」的摘要值 (Summary) 儲存在「“merkleroot”」欄位內，摘要值和雜湊值的計算概念類似，就是把 4,001 筆交易資料的特徵值計算出來。
3. 將「表頭 (Header)」的資料經由雜湊演算法 (SHA-256) 計算出雜湊值 (Hash) 儲存在「“hash”」欄位內。
4. 計算雜湊值 (Hash) 必須設定一個變數「隨機數 (Nonce)」，問題是我們不確定Nonce是多少，那就用猜的吧！我們先猜Nonce=1，再利用雜湊演算法計算出表頭 (Header) 的Hash，再和Difficulty比大小，結果Hash大，不滿足Hash<Difficulty，怎麼辦？
5. 那就再猜Nonce=2，再利用雜湊演算法計算出表頭 (Header) 的Hash，再和Difficulty比大小，結果Hash又大，怎麼辦？
6. 那就再猜Nonce=3，再利用雜湊演算法計算出表頭 (Header) 的Hash，再和Difficulty比大小，結果Hash又大，怎麼辦？
7. 那就再猜Nonce=4，依此類推，一直猜到計算出Hash<Difficulty為止，運氣好的話可能一下子就猜中，運氣不好的話就要猜很久。

圖 4-2 這個區塊總共可能猜了 924,591,752 次，也就是總共猜了大約 9 億多次才猜中。這樣一搞，「“hash”」欄位不就超難算了嗎？為什麼要讓「“hash”」欄位很難算？因為我們要讓「表頭 (Header)」很難竄改，為什麼要讓「表頭 (Header)」很難竄改？因為這樣

「“merkleroot”」欄位就很難竄改，為什麼要讓「“merkleroot”」欄位很難竄改？因為這樣「交易（Transaction）」就很難竄改，這樣不就讓交易紀錄很難竄改了嗎？

所以比特幣採礦的三個步驟就是：猜 Nonce、**算**Hash**、比大小，而我們要採的礦就是計算出雜湊值**（Hash）**小於困難指數**（Difficulty），是不是很簡單呢？要注意，採礦的重點不是「算Hash」，而是「比大小」，是因為比大小才讓Hash很難算的，而比大小是不是小朋友就會了呢？所以我說比特幣採礦是一種唬人的雕蟲小技。

8. 當我們猜中一個Nonce計算出Hash<Difficulty，就代表我們中獎了！接下來要把這個區塊傳送給全世界每一位礦工。
9. 每一位礦工收到別人的中獎通知要進行驗算，確定這個Nonce可以計算出Hash<Difficulty，如果正確，就把這個區塊接在原本 60 萬個區塊的下一個，也就是第 60 萬零 1 個區塊。
10. 假設全世界有 10,000 個比特幣礦工，至少要有 5,001 個礦工確認才符合「51% 規則」，這個區塊才被承認，這 4,001 筆交易資料才被承認，第 4,001 筆無中生有的交易，也就是我的「礦工獎勵金」也被承認了！

4-4
比特幣的特性與用途

比特幣採礦可以獲得礦工獎勵金，那麼礦工得到比特幣之後有什麼用呢？此外，常聽說比特幣總數不超過2,100萬枚，由於總量固定「絕對稀缺」因此很有價值，到底比特幣總數是如何計算出來的？真的很有價值嗎？

● 比特幣的總量固定方便炒作

比特幣大約每10分鐘採出一個區塊，大約採出21萬個區塊獎勵金減半，相當於210萬分鐘大約4年獎勵金減半，因此比特幣總數不超過2,100萬枚，計算過程如下：

$$\text{比特幣總數} = 210{,}000 \times \left(\frac{50}{2^0}+\frac{50}{2^1}+\frac{50}{2^2}+\cdots+\frac{50}{2^n}\right) = 210{,}000 \times 50 \times \left(\frac{1}{2^0}+\frac{1}{2^1}+\frac{1}{2^2}+\cdots+\frac{1}{2^n}\right)$$

$$= 210{,}000 \times 50 \times \left[\left(\frac{1}{2}\right)^0+\left(\frac{1}{2}\right)^1+\left(\frac{1}{2}\right)^2+\cdots+\left(\frac{1}{2}\right)^n\right] = 210{,}000 \times 50 \times \sum_{n=0}^{\infty}\left(\frac{1}{2}\right)^n$$

$$= 210{,}000 \times 50 \times \left(\frac{1}{1-\frac{1}{2}}\right) = 210{,}000 \times 50 \times 2 = 21{,}000{,}000 \qquad \sum_{n=0}^{\infty}(r)^n = \frac{1}{1-r}$$

比特幣一開始獎勵金50枚，採出21萬個區塊後減少為25枚(50/2)，再採出21萬個區塊後減少為12.5枚(50/4)，依此類推。經由上面的計算，可以發現最後得到一個無窮等比級數r = 1/2，而且會收斂，代入公式後得到2,100萬枚比特幣，這樣設計可以讓比特幣的總量固定，稱為「絕對稀缺」，而黃金會因為開採而增加，只能算是「相對稀缺」，因此比特幣可以保值。很明顯這種說法似是而非，只是用來炒作的藉口而已。

●比特幣的礦工獎勵金

比特幣 2009 年發行礦工獎勵金 50BTC，2012 年 12 月第一次減半獎勵金剩下 25BTC；2016 年 7 月第二次減半獎勵金剩下 12.5BTC；2020 年 5 月第三次減半獎勵金剩下 6.25BTC，依此類推，如圖 4-3 所示。獎勵金下降使交易手續費成為採礦動機，假設 1BTC=US$20,000，則採出一個區塊在 2009 年可以獲得 50BTC，相當於 100 萬美元，等於是猜中一個「隨機數（Nonce）」就可以拿到 100 萬美元，有沒有很像中樂透呢？

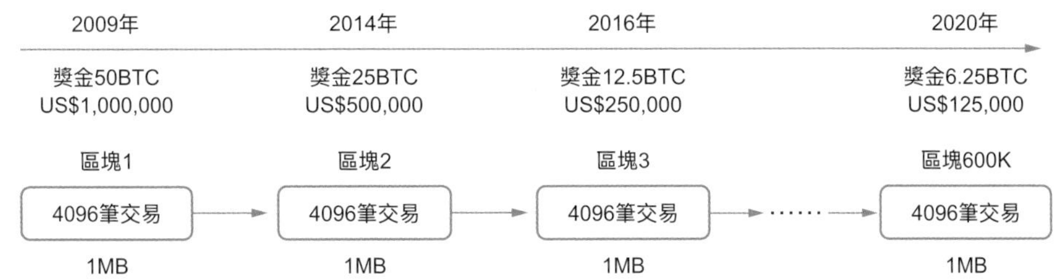

圖 4-3　比特幣的礦工獎勵金呈等比級數減少，圖中假設 1BTC=US$20,000。

有兩種情況我們一定會中樂透，一種是「包牌」，大型礦場採礦就是包牌，如果你用一台電腦採礦一次只能猜一個Nonce，我用一萬台電腦採礦一次可以猜一萬個Nonce，我的中獎機率不就是你的一萬倍？另外一種是「財神爺在我頭上」，讓我猜Nonce一猜就中，計算出Hash<Difficulty拿到獎金，因此有人問我有沒有礦工猜Nonce一猜就中？答案是當然有可能，但是我們千萬不要這麼想，如果你這麼想，代表你認定今天財神爺在你頭上，如果財神爺在你頭上，那我建議你也不要去採礦了！因為採礦要買電腦還要安裝程式，太麻煩了！不如你去街角的彩券行買一張樂透吧！反正今天財神爺在你頭上，你隨便猜一個號碼都會中獎，不是嗎？

● 礦工獎勵金逐漸減少，採礦動機逐漸下降

礦工的電腦必須不停地進行採礦運算，因此必須浪費大量電能，為了獎勵礦工，只要猜中Nonce計算出Hash<Difficulty建立一個區塊，除了可以記錄別人的比特幣交易，還可以無中生有，自己給自己記錄一筆「礦工獎勵金」。為了保持比特幣總數不會無限增加，因此演算法設計成大約每四年獎勵金減半，是一個無窮等比級數，使得比特幣總數只有 2,100 萬枚，目前已經產生超過 1,800 萬枚，只剩不到 300 萬枚，顯然大部分的礦工獎勵金都發生在前面十年，愈後面就少得可憐了！當礦工獎勵金少得可憐，礦工還願意採礦嗎？

● 雖然比特幣總量固定，但是價值其實很「有限」

假設 1BTC=US$20,000，比特幣 2009 年發行礦工獎勵金 50BTC 相當於 100 萬美元；2012 年 12 月第一次減半獎勵金剩下 25BTC，相當於 50 萬美元；2016 年 7 月第二次減半獎勵金剩下 12.5BTC，相當於 25 萬美元；2020 年 5 月第三次減半獎勵金剩下 6.25BTC，相當於 12 萬 5 千美元，依此類推，如圖 4-3 所示。這個收入已經接近目前大型礦場的損益兩平點，2024 年第四次減半就要開始賠錢了！獎勵金下降，使得交易手續費成為採礦動機。

如果礦場倒掉，沒有人記帳，則比特幣無法交易，問題就大了！無法交易的貨幣再稀缺又有什麼價值？此外礦工也可以向使用者收取手續費，問題是手續費太高使用者不願意支付，手續費太低礦工不想記帳，因此手續費要達到一定的金額才能支撐礦工的採礦成本，最後也只剩下大額交易能支付較高的手續費，不然就只能把礦場收掉了！

所幸運算力大的大型礦場收掉了，運算力小的個人礦工反而有機會生存，因此暫時還不至於發生沒有礦工可以記帳的問題，但是要說比特幣總量固定，具有「稀缺性(Scarcity)」，所以可以保值，顯然沒有考慮到未來礦工會不會因為收入減少而罷工的問題。比特幣未來還是可能會漲，但這完全是投機炒作的結果。

有趣的是，有人預期由於礦工獎勵金每次減半會讓礦工收入減少一半，為了維持礦工的開採成本，每次礦工獎勵金減半，比特幣價格就會漲一倍，才能讓礦工願意繼續採礦。這種說法似是而非，別忘記比特幣的價值不是由礦工決定，也不是採礦程式決定，而是市場上的投資人願意拿多少現金到交易所來換比特幣決定的。投資人不可能因為礦工獎勵金減半，就願意拿更多的現金來交換比特幣，不過地下金融原本就有很大的市場，因此要說市場有力量支撐比特幣的價格，也是有可能的。未來結局如何，就讓我們拭目以待吧！

● 比特幣的困難指數(Difficulty)

為了維持大約每10分鐘採出一個區塊，產生新區塊的難度會定期調整，每採出2,016個區塊(大約兩週)會自動調整接下來2,016個區塊的採礦難度，所以「困難指數(Difficulty)」是會隨時間改變的：

- 當礦機增加：結果少於10分鐘就採出一個區塊，代表採礦的難度太低太容易，困難指數(Difficulty)就變小讓採礦更困難，因為Hash<Difficulty，如果Difficulty變小，Hash<Difficulty就更難了！
- 當礦機減少：結果大於10分鐘才採出一個區塊，代表採礦的難度太高太困難，困難指數(Difficulty)就變大讓採礦更簡單，因為Hash<Difficulty，如果Difficulty變大，Hash<Difficulty就容易了！怎麼樣，雕蟲小技吧？

大家可能會好奇，那困難指數(Difficulty)是如何決定的？因為比特幣的區塊鏈是去中心化的，並沒有中心的單位控制，因此「困難指數(Difficulty)」是由所有礦工電腦裡的採礦程式演算法「協商(Negotiate)」出來的。

● 比特幣的區塊鏈運作極無效率，無法取代傳統貨幣

為了確保交易資料無法竄改，比特幣設計成大約每 10 分鐘＝ 600 秒採出一個區塊，一個區塊大約 1MB=1,024×1,024B，一筆交易大約 256B，因此一個區塊大約儲存 4,096 筆交易(1,024×1,024B/256B=4,096)，平均每秒最多只能處理 6.82 筆交易(4,096/600=6.82)，而且每一個區塊都必須複製一萬多份並且分散儲存在一萬多個礦工的電腦裡(去中心化)，因此天生就「極無效率」，這種交易速度怎麼可能用來取代傳統貨幣？

那麼為什麼不增加交易速度，讓比特幣每 1 分鐘採出一個區塊呢？因為當交易速度加快，代表「"hash"」欄位容易計算，「"hash"」欄位容易計算則「表頭(Header)」容易竄改，「表頭(Header)」容易竄改則「"merkleroot"」欄位就容易竄改，「"merkleroot"」欄位容易竄改則「交易(Transaction)」就容易竄改，這樣不就降低比特幣的安全性了嗎？

用最簡單的邏輯來思考，我不過就是去 7-11 買了一顆茶葉蛋，為什麼需要把這筆交易複製一萬多份，「分散」儲存在全世界一萬多個礦工的電

腦裡（去中心化）呢？相較之下，我們目前使用的悠遊卡這種電子支付，每一筆交易只需要儲存在一台電腦裡（中心化），顯然更有效率。許多人不停吹捧區塊鏈「去中心化」有多少優點，卻都不提它的缺點，實際上「去中心化」與「中心化」都有各自的優缺點，所以「兩者並用」是比較可行的方式，我們後面再來舉例說明。

4-5

比特幣的鏈結(Chain)

比特幣帳本經由「區塊(Block)」與「鏈結(Chain)」兩種技術確保交易紀錄無法竄改才能讓我們放心，因此這種技術稱為「區塊鏈(Blockchain)」，其中「區塊(Block)」就是計算「條件雜湊(Conditional hash)」，也就是所謂的「採礦(Mining)」，那麼「鏈結(Chain)」又是什麼意思呢？

● 鏈結(Chain)的意義：前區塊雜湊(Previousblockhash)

區塊鏈(Blockchain)技術裡的「鏈結(Chain)」是指利用「“hash”」與「“previousblockhash”」兩個欄位將不同的區塊連結起來，如此可以極大增加資料的安全性，如圖 4-4 所示，在每個區塊的「表頭(Header)」裡有「前

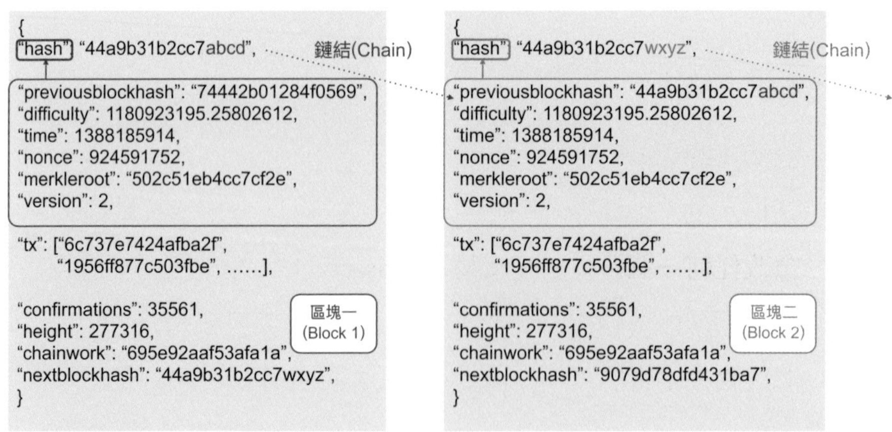

圖 4-4　鏈結(Chain)的示意圖，利用「“hash”」與「“previousblockhash”」兩個欄位將不同的區塊連結起來。

區塊雜湊（Previousblockhash）」欄位，把前面一個區塊的「"hash"」欄位放進後面一個區塊的「表頭（Header）」，而表頭會用來計算這個區塊的雜湊值（Hash），等於是把前一個區塊和後一個區塊「鏈結（Chain）」起來。

● 區塊鏈交易紀錄無法竄改的原因

假設怪客想要竄改區塊一內的「交易（Transaction）」，就必須：

- 竄改表頭（Header）內的「"merkleroot"」欄位，此時表頭的資料就變了，因此必須重新計算表頭（Header）的雜湊值，但是計算雜湊值必須採礦，而採礦需要 10 分鐘才能採出一個區塊，而且還必須「財神爺在我頭上」，才能猜中Nonce，計算出Hash<Difficulty。
- 就算真的立刻猜中也沒用，因為當區塊一的「"hash"」欄位改變，區塊二的「"previousblockhash"」欄位也改變了！因此必須重新計算表頭（Header）的雜湊值，但是計算雜湊值必須採礦，而採礦需要 10 分鐘才能採出一個區塊，而且還必須「財神爺在我頭上」才能猜中Nonce，計算出Hash<Difficulty。
- 就算真的立刻猜中也沒用，因為當區塊二的「"hash"」欄位改變，區塊三的「"previousblockhash"」欄位也改變了！依此類推，只要竄改任何一個區塊的「交易（Transaction）」就必須重新計算後面每一個區塊的「"hash"」欄位，而且每次計算都必採礦，在合理的時間內幾乎不可能。

假設這個區塊鏈總共有 100 個區塊（Block），則竄改第一個區塊的

「交易 (Transaction)」就必須重新計算 100 次雜湊值 (Hash)，而且每次計算都必須採礦，利用這種方法使區塊鏈「牽一髮而動全身」，當區塊鏈 (Blockchain) 愈長，愈前面的區塊愈難竄改，而且每個節點的礦工都有比特幣帳本，只竄改一個節點也沒用，因此區塊鏈的資料無法竄改。

我們複習一下，區塊鏈 (Blockchain) 是使用「區塊 (Block)」與「鏈結 (Chain)」確保交易資料無法竄改。其中「區塊 (Block)」主要是利用計算「條件雜湊 (Conditional hash)」很困難來保護資料；而「鏈結 (Chain)」主要是區塊與區塊之間利用「前區塊雜湊 (Previousblockhash)」鏈結起來，由於竄改區塊內的交易資料要重新採礦已經很困難，區塊與區塊之間又被鏈結起來，等於竄改一個區塊就要把所有的區塊都一起竄改重新採礦，在合理時間內幾乎不可能。

4-6
節點資料同步

比特幣的採礦過程其實比想像的還要複雜，全世界有一萬多個礦工，而且去中心化沒人管，每個人都在收集交易紀錄並進行條件雜湊運算，如何確保交易不會重複？礦工一起採礦猜「隨機數(Nonce)」，如果恰好有兩位礦工同時猜中Nonce計算出Hash<Difficulty該怎麼辦？如何決定由誰獲得獎勵金呢？

● 節點資料同步的流程

假設目前所有礦工的電腦裡都有四個區塊：區塊 1、2、3、4，下一個是區塊還不確定，所以礦工們還在進行採礦，結果節點R和節點G的礦工同時猜中Nonce計算出Hash<Difficulty，則接下來的流程如下：

- 節點R的礦工：採出新區塊R當成下一個區塊，鏈結到區塊 4 後面，如圖 4-5(a) 所示，並且經由溢散傳遞通知所有礦工。
- 節點G的礦工：採出新區塊G當成下一個區塊，鏈結到區塊 4 後面，如圖 4-5(b) 所示，並且經由溢散傳遞通知所有礦工。
- 節點 P的礦工：因為靠近節點G所以先收到區塊G，驗算後確定Hash<Difficulty，因此將區塊G當成下一個區塊，鏈結到區塊 4 後面，如圖 4-5(c) 所示。
- 節點B的礦工：因為靠近節點R與節點G的中間，同時收到區塊R與區塊G，驗算後確定Hash<Difficulty，不知道該鏈結哪個區塊，

因此同時將區塊R與區塊G鏈結到區塊4後面，如圖4-5(d)所示，形成「分叉(Fork)」。

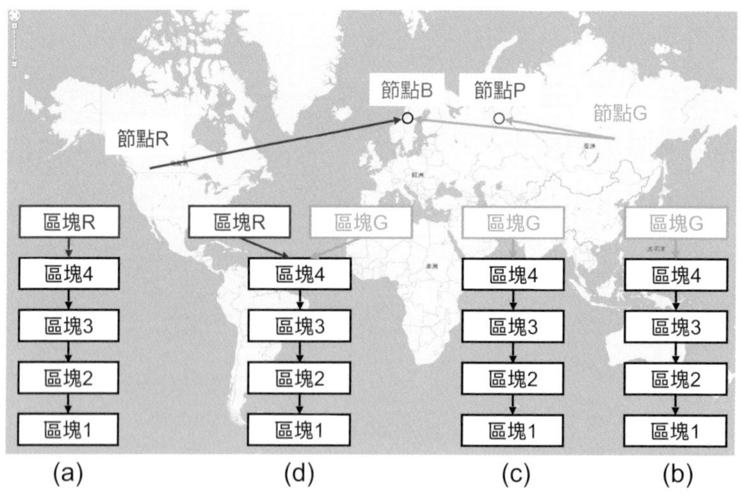

圖4-5　節點資料同步的流程。(a)節點R的區塊鏈；(b)節點G的區塊鏈；(c)節點P的區塊鏈；(d)節點B的區塊鏈形成「分叉(Fork)」。

假設接下來節點P的礦工猜中Nonce計算出Hash<Difficulty，則接下來的流程如下：

- 節點P的礦工：採出新區塊P當成下一個區塊，鏈結到區塊G後面，如圖4-6(a)所示，並且經由溢散傳遞通知所有礦工。
- 節點G的礦工：收到區塊P，驗算後確定Hash<Difficulty，因此將區塊P當成下一個區塊，鏈結到區塊G後面，如圖4-6(b)所示。
- 節點B的礦工：收到區塊P，驗算後確定Hash<Difficulty，因此將區塊P當成下一個區塊，鏈結到區塊G與區塊R後面，分別計算兩個分支的「總困難指數」，假設區塊G-P分支的總困難指數高則保

留下來，將區塊R-P分支刪除，如圖 4-6(c) 所示。

➡ 節點R的礦工：收到區塊P，驗算後確定Hash<Difficulty，由於假設區塊G-P分支的總困難指數高於區塊R-P，刪除區塊R-P改為區塊G-P，如圖 4-6(d) 所示。

分支的總困難指數高，代表礦工採礦花了更多電更辛苦，為了獎勵礦工所以保留下來。保留總困難指數高的分支，刪除總困難指數低的分支，稱為「工作量證明(PoW：Proof of Work)」，如果被刪除的區塊 R內的「交易(Transaction)」沒有包含在其他區塊內，則必須將這些交易釋出，讓其他區塊將這些交易收集進去。重複上面的步驟，使所有節點的比特幣區塊鏈「收斂(Convergence)」，達到節點資料同步。

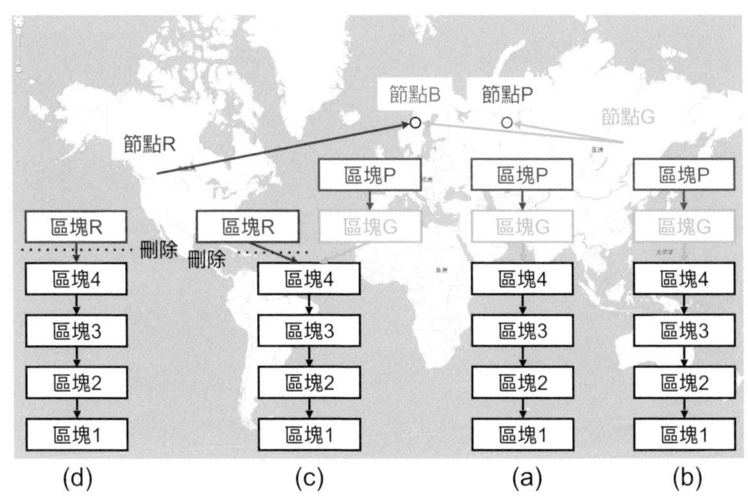

圖 4-6　節點資料同步的流程。(a) 節點 P 的區塊鏈；(b) 節點 G 的區塊鏈；(c) 節點 B 的區塊鏈，保留區塊 G-P 刪除區塊 R-P；(d) 節點 R 的區塊鏈，刪除區塊 R-P 改為區塊 G-P。

● 軟分叉（Soft fork）與硬分叉（Hard fork）

比特幣的採礦規則並不是永遠固定的，只要比特幣社群裡的礦工經由「共識機制（Consensus）」決定，就可以更改採礦規則，當新共識規則發布以後，就會有新的演算法，全世界一萬多個礦工就要開始進行採礦軟體升級，這個需要一段時間。在這一段時間，採礦軟體未升級的節點會因為不知道新共識規則，而產生不合法的區塊，通常就會產生「臨時分叉」。

- 軟分叉（Soft fork）：當區塊鏈的資料結構發生改變時，如果未升級的節點可以驗證已升級的節點採出的區塊，而且已升級的節點也可以驗證未升級的節點採出的區塊，則稱為「軟分叉（Soft fork）」。
- 硬分叉（Hard fork）：當區塊鏈發生永久性分叉，在新的共識規則發布後，部分沒有升級的節點無法驗證已經升級的節點所產生的區塊，則稱為「硬分叉（Hard fork）」，區塊的格式發生改變時，未升級的節點拒絕驗證已升級的節點採出的區塊，但是已升級的節點可以驗證未升級的節點採出的區塊，然後大家各自延續自己認為正確的區塊鏈，所以會分裂成兩條區塊鏈。

● 實例：比特幣現金（BCH：Bitcoin Cash）

由於比特幣不適合即時大量的小額交易，為了提高區塊鏈交易的處理速度，2017 年 8 月比特幣經由「硬分叉（Hard fork）」產生「比特幣現金（BCH）」，複製了比特幣完整的區塊鏈資訊與幾乎所有模式，但是將區塊的大小由 1MB 增加為 8MB。

4-7
常見的區塊鏈演算法

由前面的介紹可以發現，採礦的目的是為了「確保交易紀錄無法竄改」，而不是「分配礦工獎勵金」，這種模式就是所謂的「工作量證明(PoW)」，由於採礦浪費大量電能，因此近年來有人開發其他演算法取代採礦，例如：持有量證明(PoS)、儲存量證明(PoC)等，不過這些新方法也都有各自的問題，因此要如何確保交易紀錄無法竄改，到目前為止並沒有真正完美的方法，區塊鏈也就沒有大家想像的那麼神奇。

● 工作量證明(PoW：Proof of Work)

比特幣帳本經由「區塊(Block)」與「鏈結(Chain)」兩種技術確保交易紀錄無法竄改，才能讓我們放心，因此把這種技術稱為「區塊鏈(Blockchain)」，使用的方法就是採礦，也就是「工作量證明(PoW)」，這種方法雖然浪費很多電，但是安全性最高，比特幣發明至今，區塊鏈的交易紀錄完全沒有被竄改過。由於工作量證明(PoW)需要採礦，用電量高，不符合環保要求，因此必須思考更省電的方法。

● 持有量證明(PoS：Proof of Stake)

誰持有的加密貨幣多，誰就不會想去竄改區塊鏈(帳本)，因為區塊鏈(帳本)被竄改會造成加密貨幣大跌，持有量愈大的人損失愈大，因此持有量愈大愈有動機去維護加密貨幣的價值，竄改區塊鏈(帳本)的可能性愈低，而且當貨幣價值夠高，要獲得足夠的持有量發動攻擊的成本就愈高，也愈困難。使用加密貨幣的抵押數量來取代礦機的運算力，因此必須購買加密貨幣，並且將這些加密貨幣抵押在「智能合約 (Smart contract)」中，稱為「持有量證明 (PoS)」。

工作量證明 (PoW) 共識機制下，節點採礦的稱為「礦工」，而持有量證明 (PoS) 共識機制下，開採節點的稱為「驗證者」，依照「幣齡 (Coin days)」以隨機的方式，選擇下一個區塊的驗證節點。幣齡也用來計算驗證者可以獲得多少獎勵，每個代幣每天產生 1 幣齡，成功幫忙打包一個新區塊，會獲得一定的加密貨幣獎勵金，要增加驗證者獲得記帳權獎勵的機率，有下列幾個方式：

- 加密貨幣抵押數量愈多的節點。
- 加密貨幣抵押時間愈長的節點。
- 距離上次獲得記帳權時間愈久的節點。

持有量證明 (PoS) 的優點是不用採礦可以節省能源，利用幣齡計算獎金穩定，當貨幣價值夠高，要獲得足夠的持有量發動攻擊的成本愈高，也愈困難。持有量證明 (PoS) 的缺點是可能導致富人囤積加密貨幣，使流動性變差，最後會使加密貨幣中心化；如果一小群擁有足夠資金的人聯合起來，就可能對加密貨幣的運作施加自己的規則，變成富人擁有愈多的權力，失去原本去中心化的價值，安全性也降低；打包一個新區塊會獲得一定的加密貨幣獎勵金必須大於抵押的機會成本，因此天生存在通貨膨脹的現象，可能造成價值降低。

● 儲存量證明（PoC：Proof of Capacity）

經由記憶體的儲存量來決定下一個區塊由誰產生，先經由某種演算法產生數量眾多的「偽隨機數」，並把全部偽隨機數儲存在硬碟機中，採礦時經由在硬碟機中尋找符合條件的隨機雜湊值，找到符合條件的雜湊值，就可以產生下一個區塊並且獲得獎勵金，稱為「儲存量證明（PoC）」。

硬碟機容量愈大，儲存的偽隨機數愈多，找到符合條件的雜湊值的機率愈大，因此工作量證明（PoW）比的是礦工電腦的處理器運算力，為了增加運算力，礦工會買一大堆處理器，而儲存量證明（PoC）比的是礦工電腦的記憶體容量，為了增加儲存量，礦工會買一大堆硬碟機，雖然浪費的電比較少，卻也浪費了一堆硬碟機。

儲存量證明（PoC）的優點包括：

- 採礦門檻低：不需要昂貴的礦機，只需要硬碟機即可。
- 採礦地區廣：不需要專門搭建礦場，有電腦的地方就可以採礦。
- 資源消耗低：幾分鐘掃描一次，硬碟機大部分時間待機功耗低。
- 安全性能高：理論上安全性不低於工作量證明（PoW）。

儲存量證明（PoC）的缺點是只要儲存量足夠高，也是有可能壟斷區塊鏈，當然也有可能造成貨幣不流通。

第 5 章

區塊鏈的特性與應用

大家常聽到，區塊鏈的三大特性就是：去中心化、不可竄改、可以信任。事實上：區塊鏈代表去中心化，錯；區塊鏈代表不可竄改，錯；區塊鏈代表可以信任，大錯特錯。大家不是都這麼說嗎？為什麼都錯，而且還大錯特錯呢？

5-1
區塊鏈的種類與應用

區塊鏈（Blockchain）分為公有鏈（Public blockchain）、聯盟鏈（Consortium blockchain）、私有鏈（Private blockchain），到底這三種不同的區塊鏈架構有什麼不同？實務上又有哪些應用呢？

● 公有鏈大部分的應用是加密貨幣

「公有鏈（Public blockchain）」是指任何個人或組織都可以建立和參與的區塊鏈，任何人都可以讀取、發送、確認交易資料，參與共識過程，通常被認為是「去中心化」的區塊鏈。例如：比特幣、乙太幣等。目前公有鏈大部分的應用就是加密貨幣，由於地下金融有很大的市場，因此除非政府禁止，否則仍然會持續運作下去。

公有鏈的礦工彼此互相不認識，不太可能串通勾結或竄改區塊鏈的資料，因此滿足「去中心化」；公有鏈如果使用採礦運算，就能滿足「不可竄改」；公有鏈雖然不可竄改，但是不代表可以信任，一個資料庫可以信任，必須滿足兩個條件：先驗證資料是正確的，寫入資料庫後再確認不可竄改。公有鏈只能滿足第二個條件，卻無法滿足第一個條件，因此公有鏈「不一定」可以信任。

● 聯盟鏈適合應用在各種商業模式

「聯盟鏈（Consortium blockchain）」是由多個特定的企業或組織建立

和參與的區塊鏈 ，適合應用在機構間的交易、結算、清算等工作，讓特定機構間彼此有可以互相信任的基礎資料。例如：臉書的天秤幣、臺灣的金融函證區塊鏈等，由於聯盟鏈的參與者經過篩選，可信任度較高，不必使用比特幣那種浪費能源的採礦運算，可以改用「實用拜占庭容錯（PBFT：Practical Byzantine Fault Tolerance）」或其他演算法提高效率，再加上節點數目少，因此交易速度較快，適合應用在各種商業模式。

但是要特別留意，聯盟鏈還有分真假。「真聯盟鏈」是指聯盟成員彼此之間完全獨立，地位平等，沒有任何一個成員能夠支配其他成員，例如：臉書成立的天秤聯盟、臺灣的金融函證區塊鏈等，參與者都是大型企業；「假聯盟鏈」是指聯盟成員彼此之間關係密切，可能是分公司、子公司、關係企業，有一個母公司可以掌控超過 51% 的節點，違反 51% 規則，則這個區塊鏈就失去效用。目前許多公司所使用的區塊鏈都是屬於「假聯盟鏈」，在判斷時要很小心。

真聯盟鏈的成員彼此之間完全獨立，地位平等，不太可能串通勾結或竄改區塊鏈的資料，因此滿足「去中心化」；真聯盟鏈可以使用實用拜占庭容錯（PBFT）演算法，因此滿足「不可竄改」；真聯盟鏈雖然不可竄改，但是不代表可以信任，因此真聯盟鏈「不一定」可以信任。假聯盟鏈的成員彼此之間關係密切，可能串通勾結或竄改區塊鏈的資料，因此沒有「去中心化」；假聯盟鏈因為有一個母公司可以掌控超過 51% 的節點，違反 51% 規則，因此沒有「不可竄改」；假聯盟鏈既然沒有不可竄改，當然就沒有「可以信任」。

● 私有鏈是沒用的廢物

「私有鏈(Private blockchain)」是由單一企業或組織建立的區塊鏈，只有特定人可以讀取、發送、確認交易資料，參與共識過程，可以被操作、修改，把原本簡單的資料結構弄得複雜，而且完全違反51%規則，因此是沒用的廢物，唯一的功能就是「唬外行人」。

私有鏈由單一企業或組織建立，可能竄改區塊鏈的資料，因此沒有「去中心化」；私有鏈因為由單一企業或組織建立，掌控超過51%的節點，違反51%規則，因此沒有「不可竄改」；私有鏈既然沒有不可竄改，當然就沒有「可以信任」。

5-2
區塊鏈錯誤觀念大澄清

區塊鏈代表去中心化，錯，因為只有公有鏈和真聯盟鏈滿足去中心化，假聯盟鏈和私有鏈不滿足；區塊鏈代表不可竄改，錯，因為只有公有鏈和真聯盟鏈滿足不可竄改，假聯盟鏈和私有鏈不滿足；區塊鏈代表可以信任，大錯特錯，因為公有鏈、聯盟鏈、私有鏈都無法保證可以信任。

● 為什麼區塊鏈不代表「去中心化」？

許多人聽到區塊「鏈」，就以為它是什麼特別的技術，把許多電腦「鏈」起來。其實**區塊就是存摺，區塊鏈就是存摺鏈（很多本存摺），所以區塊鏈只是一種記錄資料的資料結構而已**，經由演算法確保交易紀錄無法竄改，同時被複製許多份，並且分散儲存在許多礦工的電腦裡。當然也可以只儲存在一台電腦裡，而如果我們把區塊鏈（存摺鏈）儲存在一台電腦裡，怎麼算是「去中心化」？許多文章提到區塊鏈，都說第一個特性就是去中心化，這是錯誤的觀念，應該說：區塊鏈可以（但是不一定）去中心化才對。

「公有鏈」是目前唯一公認「比較符合」去中心化條件的區塊鏈；「聯盟鏈」是不是去中心化，必須確認真假，如果是真聯盟鏈則符合去中心化，如果是假聯盟鏈，有一個母公司可以掌控超過 51% 的節點，就不符合去中心化；至於「私有鏈」是由單一企業或組織建立，完全是中心化的東西。

可能有人好奇，為什麼公有鏈是「比較符合」去中心化，而不是「完全符合」去中心化，這是因為，只要有人掌握超過 51% 的運算力，還是有可能操控公有鏈，例如：比特幣有一萬多個礦工分散在全世界，乍看之下是去中心化，實際上採礦比的是礦機的運算力，而目前51%以上的運算力都是操控在某些世界知名的採礦公司手中，因此的確曾經有專家質疑過比特幣是否可以信任。

●為什麼區塊鏈不代表「不可竄改」？

區塊鏈只是一種記錄資料的資料結構而已，經由演算法確保交易紀錄無法竄改，但是這只有在「公有鏈」才能成立，因為比特幣有一萬多個礦工，要這一萬多個人同謀竄改比特幣區塊鏈很困難；「聯盟鏈」是不是不可竄改，必須確認真假，如果是真聯盟鏈則符合不可竄改，如果是假聯盟鏈有一個母公司可以掌控超過51%的節點，則這個區塊鏈就可以竄改；至於「私有鏈」是由單一企業或組織建立，更是想怎麼竄改都行，用什麼演算法也防不了！

●為什麼區塊鏈不代表「可以信任」？

區塊鏈只是一種記錄資料的資料結構而已，經由演算法確保交易紀錄無法竄改，但並不是「不可竄改」就代表「可以信任」，因為一個資料庫可以信任，必須滿足兩個條件：先驗證資料是正確的，寫入資料庫後再確認不可竄改。區塊鏈對第一個條件完全幫不上忙，只能滿足第二個條件，而且必須是公有鏈或真聯盟鏈，如果是假聯盟鏈或私有鏈，則連第二個條件都做不到。更重要的是，通常資料庫有假，大部分都不是因為有人事後竄改，而是因為一開始寫進去的資料就是假的了！

● 區塊鏈絕對不是「信任機器（Trust machine）」

我們的世界是建立在信任機制上，例如：我們將個人財產交給銀行來保管，這是基於對金融體制的信任；我們將個人資訊交給政府來保管，這是基於對政府機構的信任。許多人不停鼓吹舊有的信任機制保護不足，例如：大家完全依賴第三方信任機構提供價值證明與所有權證明，如果第三方信任機構作假怎麼辦？而且舊有的驗證方式有許多缺點，包括：不易傳遞、容易偽造、沒有效率、法規限制等。

因此，必須使用區塊鏈來作為信任機器，因為區塊鏈可以加密保護共享帳本，確保資料無法竄改，區塊鏈去中心化，不需要再依賴第三方信任機構，區塊鏈可以提供各種信任相關的創新應用等，這些都完全是誤導大家的說法。事實上，使用區塊鏈並沒有解決舊有信任機制保護不足的問題，區塊鏈裡的公有鏈和真聯盟鏈能做到的，就是「去中心化」和「不可竄改」，**只依靠區塊鏈技術無法做到可以信任，結局還是必須依賴第三方信任機構才能信任，和舊有的信任機制一樣**，後面我們會再舉例說明。

常常看到有專家在媒體介紹區塊鏈時，一開口就說：區塊鏈是信任機器。問題是，一般人聽到這樣的說法，會誤以為意思是：資料寫進區塊鏈就可以信任。經由前面的介紹，你就能看出完全不是這樣。難道這些專家不知道這麼說會造成大家誤解嗎？明明了解技術原理，卻在媒體上這麼說，到底是什麼用意？不外乎是因為自己的公司在做區塊鏈的應用，或自己投資了區塊鏈新創公司，或自己手上持有大量的加密貨幣，想要唬弄大家做行銷，或是吸引眾人一起來抬轎、炒作加密貨幣而已，真的是「刻意誤導，別有用心」。

5-3
通訊系統的中心化與去中心化

在通訊系統架構裡，電腦網路的連線與運作方式，主要分為「中心化(Centralized)」與「去中心化(Decentralized)」兩種，比特幣或區塊鏈都不停吹捧「去中心化」的諸多優點，卻不提缺點，似乎去中心化是比中心化更好的選擇，真相到底如何？

● 去中心化的系統效率比較高

中心化是指所有電腦傳送資料都必須經由一台主機，如圖 5-1(a) 所示，因此所有的資料都可能卡在主機那裡，就好像某家公司規定，職員與職員不能直接溝通討論，職員有事情要討論必須呈報給主管，再由主管通知另外一個職員，顯然這樣的通訊方式效率比較差；去中心化是指所有的電腦都能彼此傳送資料，沒有所謂的主機控制，如圖 5-1(b) 所示，就好像某家公司規定，職員與職員彼此可以直接溝通討論，並且直接決定該怎麼做，顯然這樣的通訊方式效率比較高。

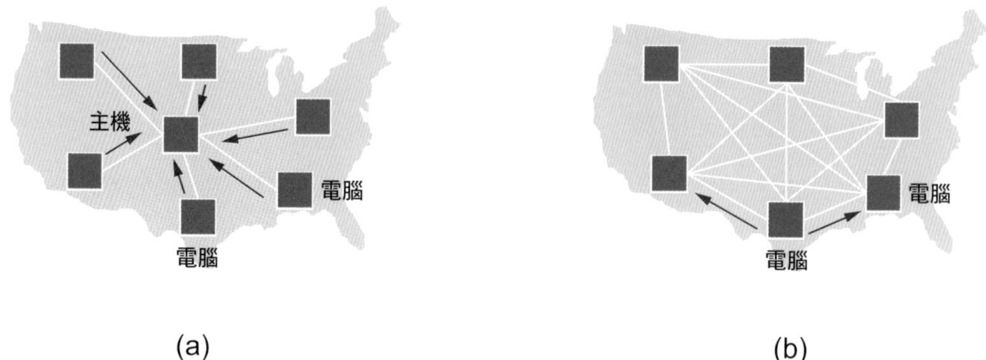

圖 5-1　通訊系統架構示意圖。(a) 中心化：所有電腦傳送資料都必須經由一台主機；(b) 去中心化：所有電腦都可以彼此傳送資料。

在實務上，去中心化的系統確實效率比較高，早期的第一代(1G)、第二代(2G)、第三代(3G)行動電話的基地台都是屬於「中心化」，基地台有任何資料要通知另外一個基地台，通常會經由基地台的主管「基地台控制器(BSC：Base Station Controller)」，使得系統效率較低；但是第四代(4G)、第五代(5G)行動電話的基地台都是屬於「去中心化」，沒有基地台控制器(BSC)，因此基地台與基地台彼此可以直接傳送資料，使得系統效率較高。

● 去中心化只有優點沒有缺點嗎？

依照這樣的邏輯，去中心化的系統效率比較高，那麼所有的企業都應該使用去中心化的方式經營，主管根本是多餘的；打仗可以由將軍開會決定要進攻還是撤退就好了，不需要大將軍來統一指揮；換句話說，臺大沒有校長，國際教育排名才會進步，真是笑話了！

企業確實可以用「去中心化」的方式經營，但前提是必須「規則明確、組織嚴密」，在沒有主管的情況下，職員仍然可以依照公司的規則和組織去運作，但是企業想要「完全去中心化」是不可能的，群龍無首，再明確的規則與嚴密的組織，運作久了一定還是會有問題，意思是就算企業沒有了第一線的主管(經理)，還是會有總經理統一指揮，不然運作起來一定會出亂子的！

因此第四代(4G)、第五代(5G)行動電話的基地台雖然是屬於「去中心化」，基地台控制器(BSC)不見了，但是在基地台上面還有其他「核心網路(Core network)」裡的伺服器(主管)在控制整個系統的運作。

●拜占庭演算法!?為什麼區塊鏈要搞得這麼複雜？

比特幣或區塊鏈如果希望設計成完全去中心化，就必須「規則明確、組織嚴密」，這就是目前區塊鏈最大的困難，因此必須制定嚴謹的通訊協定(溝通規則)才行。但是不論怎麼設計，還是會留下一些漏洞，這就是為什麼我說：用區塊鏈解決了某些問題，但是又製造了某些問題。

講到區塊鏈，大家一定都聽過所謂「拜占庭演算法」，說什麼「一群將軍必須經由投票決定大家要一起進攻或撤退」或「將軍中可能出現叛徒電腦怪客」這種描述，看了半天有看沒有懂。很多朋友問我，為什麼區塊鏈要搞得這麼複雜？其實原因就在於他們希望區塊鏈「完全去中心化」運作，才會弄得這麼複雜。

●什麼方法可以增加區塊鏈的運作效率？

最簡單的方法是改變演算法不要採礦，像是改變區塊鏈的資料結構或運作規則，例如：比特幣現金(BCH)、比特幣黃金(BTG)、比特幣鑽石(BCD)這些由比特幣「硬分叉(Hard fork)」而來的新型加密貨幣，但是這些方法效果有限。

最有效的方法還是試著讓它比較「中心化」，例如：使用「持有量證明(PoS)」或比特幣「閃電網路(Lightening network)」，或在交易所內會員與會員之間的每一筆交易都儲存在交易所的電腦裡(中心化)，當有人要把比特幣傳送到另外一個交易所或私人帳戶，再寫進礦工的電腦裡(去中心化)，這樣每秒鐘就可以進行幾十萬筆比特幣交易了。大家還以為又出現了什麼偉大的創新發明，了解以後才明白，只不過是障眼法而已。

此外，也有某些加密貨幣試著把原本分散在全世界一萬多個礦工電腦裡的區塊鏈切割成 10 個不同的「子區塊鏈」，不過這麼做實際上就是用部分「中心化」來取代「去中心化」，講來講去，要完全去中心化又要效率高，原本就是魚與熊掌的問題。

使用上面各種新方法的區塊鏈，目前都有人在研究開發，不過也都有各自的問題，到目前為止並沒有真正完美的方法。可以確定的是，「去中心化」與「中心化」都有各自的優缺點，因此「去中心化」並不是萬靈丹，「兩者並用」是比較可行的方式。

5-4
這樣用區塊鏈有意義嗎？

曾經被點名的區塊鏈應用到底有哪些？我替大家收集了，包括：電子商務、學歷證明、旅館民宿、醫療病歷、民意調查、能源交易、生產履歷、金融應用、供應鏈物流、專利著作權等，這些應用是真的有意義嗎？還是廠商用來唬外行人的把戲呢？

● 病歷上鏈，保險理賠轉診不用等？

如圖 5-2 所示，過去病人在不同醫院看病，必須取得診斷證明，才能向保險公司申請理賠，這裡有診斷證明造假的可能，而且不同醫院的病歷不能流通，病人到不同的醫院就診很麻煩。但是只要所有醫院和保險公司加入「醫療病歷區塊鏈」，病歷和診斷證明可以直接上傳，保險公司直接到區塊鏈裡下載資料，就可以理賠，病人到不同的醫院就診，醫院也可以到區塊鏈裡下載病歷，不但使用方便，而且因為區塊鏈去中心化、不可竄改、可以信任，因此這樣的運作模式更好，你覺得對嗎？

圖 5-2 其實畫的都對，前述文字說明問題也不大。唯一的問題是，如果我們把「醫療病歷區塊鏈」換成一台「健保局伺服器」，不是全部都做到了嗎？是因為我們懷疑醫院會上傳假資料到健保局伺服器嗎？如果是這樣，那用區塊鏈也防不了呀！還是我們懷疑健保局可能竄改伺服器的資料？而且使用一台健保局伺服器效率更高，資料結構更簡單，不容易出錯；使用區塊鏈的話，由於各節點的伺服器要同步資料，又要使用特別的演算法確保資料無法竄改，因此效率反而變差。更別說還要先確定他們用的是

私有鏈、假聯盟鏈，還是真聯盟鏈，才知道使用區塊鏈有多大的意義。

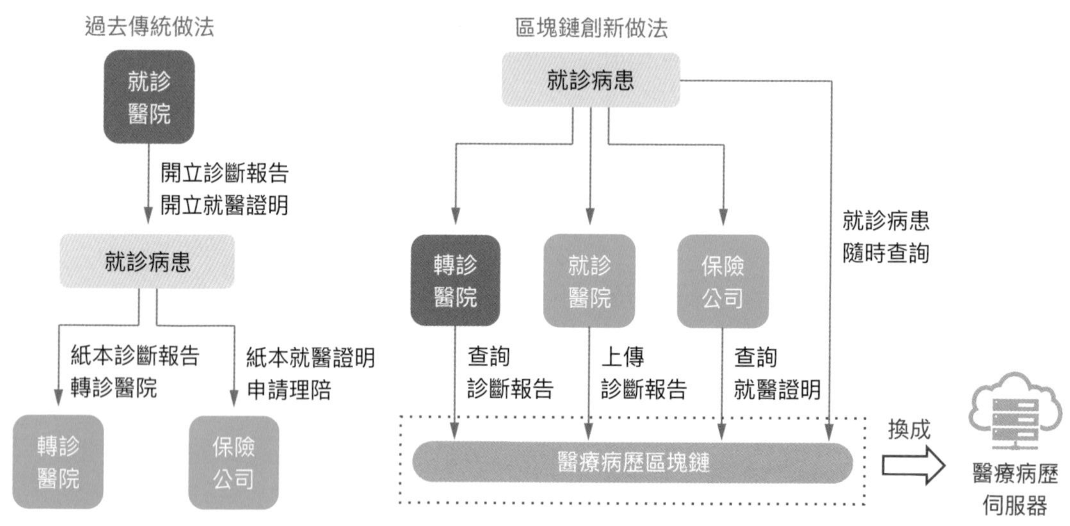

圖 5-2　醫療病歷區塊鏈示意圖。

● 農產履歷區塊鏈，耕種紀錄全記載？

如圖 5-3 所示，過去農漁產品的生產者、運送者、販賣者必須把生產相關證明交給相關單位驗證，再由農委會發給標章，消費者購買時可以用標章辨識農產品，這裡有標章造假的可能。但是只要所有生產者、運送者、販賣者加入「農產履歷區塊鏈」，生產相關證明直接上傳，消費者直接到區塊鏈裡查詢，就可以確認農漁產品的生產資料，不但使用方便，而且因為區塊鏈去中心化、不可竄改、可以信任，因此這樣的運作模式更好，你覺得對嗎？

圖 5-3 其實畫的都對，前述文字說明問題也不大。唯一的問題是，如果我們把「農產履歷區塊鏈」換成一台「農委會伺服器」，不是全部都做到了嗎？是因為我們懷疑生產者、運送者、販賣者會上傳假資料到農委會伺服器嗎？如果是這樣，那用區塊鏈也防不了呀！還是我們懷疑農委會可能竄改伺服器的資料？更別說還要先確定他們用的是私有鏈、假聯盟鏈，還是真聯盟鏈，才知道使用區塊鏈有多大的意義。

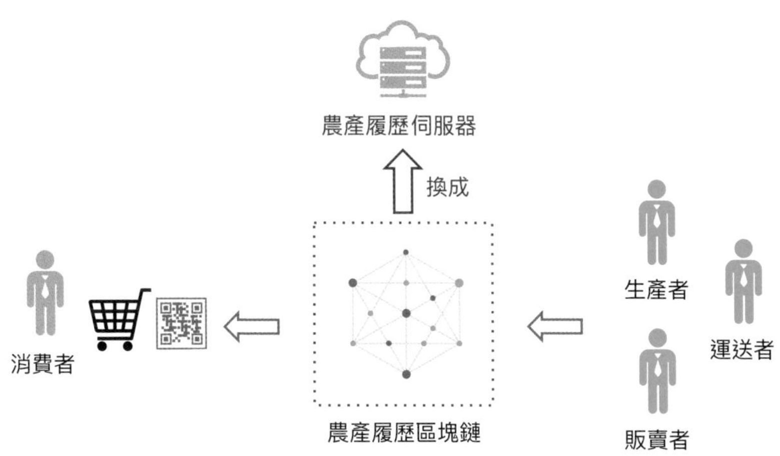

圖 5-3　農產履歷區塊鏈示意圖。

● 學歷證明區塊鏈，串聯你所有學經歷文件？

如圖 5-4 所示，過去小明從高中畢業要去大學報到，必須把畢業證書交給大學作為證明，這裡有畢業證書造假的可能。但是只要所有學校加入「學歷證明區塊鏈」，將學生畢業相關證明直接上傳，大學直接到區塊鏈裡查詢，就可以確認小明真的是某高中的畢業生，不但使用方便，而且因為區塊鏈去中心化、不可竄改、可以信任，因此這樣的運作模式更好，你覺得對嗎？

圖 5-4 其實畫的都對，前述文字說明問題也不大。唯一的問題是，如果我們把「學歷證明區塊鏈」換成一台「教育部伺服器」，不是全部都做到了嗎？是因為我們懷疑高中會上傳假資料到教育部伺服器嗎？如果是這樣，那用區塊鏈也防不了呀！還是我們懷疑教育部可能竄改伺服器的資料？更別說還要先確定他們用的是私有鏈、假聯盟鏈，還是真聯盟鏈，才知道使用區塊鏈有多大的意義。

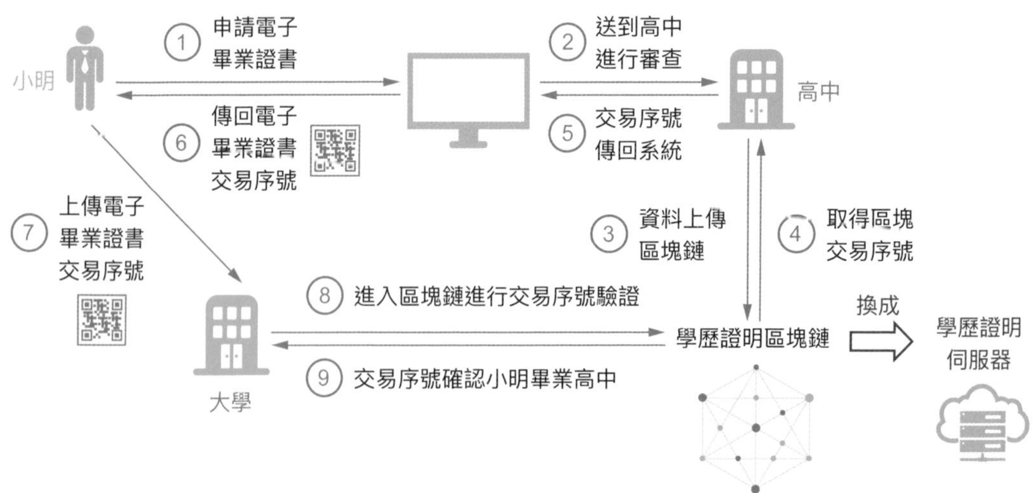

圖 5-4　學歷證明區塊鏈示意圖。

● 區塊鏈就是把簡單的事情複雜化

許多人常常問我，上面這些區塊鏈應用圖到底是什麼意思？其實很簡單，只要把圖中的「○○○區塊鏈」想像成「○○○伺服器」就懂了，差別在於「○○○伺服器」代表的是一台電腦（中心化），而「○○○區塊鏈」代表的是幾千台電腦分散在全世界（公有鏈），或幾百台電腦分散在特定企業（聯盟鏈），或幾十台電腦分散在單一企業（私有鏈）。因此大家聽到所有神奇的區塊鏈應用，不過就是把一台電腦可以做的事情，變成幾千台、幾百台、幾十台電腦來做，其實就是把簡單的事情複雜化。這麼做有沒有意義，要看實際的應用情境而定。

我常常被資訊部門（IT）人員詢問區塊鏈的問題，大部分的情況是公司的主管們想要導入區塊鏈，但是公司的資訊部門人員不熟悉區塊鏈（實際上是主管們更不熟悉），因此找了外面的「區塊鏈新創公司」來協助，花幾千萬建置所謂的「區塊鏈平台」，在導入公司時，才由這些「區塊鏈專家」來替資訊部門人員上課，接下來進行系統串接，再來就是資訊部門人員心中的疑惑：串接時發現所謂的區塊鏈是「把簡單的事情複雜化」，**明明一台電腦用一個簡單的資料結構就可以做到的事，為什麼要用一堆雜湊演算法算來算去？**依照他們的知識，這件事根本沒有意義，但是因為主管們說這是「金融創新」，所以一定要做，他們身為部屬只能聽令，甚至有些部屬以為可能是自己學識不足吧！

事實上，大家讀的書都一樣，這些資訊部門人員想的也都沒錯，區塊鏈就是「把簡單的事情複雜化」，只是這麼做並不一定有錯，就好像企業都會設定網路封包過濾器，過濾進出公司的網路資料。大家都知道這樣把簡單的事情複雜化，會使網路效率變差，但是為了確保資訊安全一定要做，因為利大於弊。同樣的道理，區塊鏈把簡單的事情複雜化，要看目的是什麼？如果利大於弊，才有做的必要。但是目前大部分的情況是，公司的主管們只是因為看到好像主管機關也喊、同業也喊，全世界都喊區塊鏈，自己不跟著喊不就落伍了？到底這個應用為什麼要區塊鏈？用區塊鏈是不是利大於弊？好像這些都不重要了！

曾經被點名的區塊鏈應用到底有哪些？記得我替大家收集的嗎？包括：電子商務、學歷證明、旅館民宿、醫療病歷、民意調查、能源交易、生產履歷、金融應用、供應鏈物流、專利著作權等。區塊鏈應用在這些場景，都是把簡單的事情複雜化，現在了解原理了，大家是不是該回頭重新評估，目前開發的區塊鏈應用真的有意義嗎？或者只是把一台電腦可以做好的事情變得更複雜了？

5-5 如何用區塊鏈唬外行人做行銷？

看到這裡，大家有沒有覺得，原來弄懂了區塊鏈的原理之後，忽然發現區塊鏈的應用比想像中少了很多，和以前聽別人說的都不一樣？難道區塊鏈真的沒有實際、有意義的應用場景嗎？

● 區塊鏈 80% 的應用：唬外行人做行銷

因為區塊鏈具有確保交易紀錄無法竄改的特性，因此許多人想到把它拿來做各種應用，例如：電子商務、學歷證明、病歷分享、民意調查、能源交易、生產履歷、供應鏈物流、專利著作權等。實際上，目前大部分的應用都是「為區塊鏈而區塊鏈」，而且許多企業使用區塊鏈的方法其實是沒有意義的，例如：使用「私有鏈」或「假聯盟鏈」卻宣稱「無法竄改」，結果只是成為唬外行人的把戲而已。簡單的說，目前的情況就是用區塊鏈可以做，不用也可以做，而且大部分不用還做得更好。用區塊鏈解決了某些問題，但是又製造了某些問題，那為什麼要用區塊鏈？

凡此種種，使得區塊鏈變成內行人唬外行人的噱頭，變成一種行銷手法。新創公司不用區塊鏈就不夠「新創」，傳統企業不用區塊鏈就沒有「創新」，這些都是對區塊鏈的誤解所造成的。因為「科技創新」是一個很好的行銷話題，這和技術完全無關。你不覺得當某某公司說要用區塊鏈來做○○○應用，聽起來就很威嗎？因為大家不知道什麼是區塊鏈，而人們對自己不知道的東西都有敬畏之心，這有利於新產品的行銷推廣，也是目前區塊鏈最重要的用途之一。

當然，許多生意模式的成功，其實一開始就是靠「唬」出來的。意思是，雖然我用新技術唬大家，但是因為大家不了解，誤以為用這個新技術很酷，就紛紛使用，最後因為大家都使用，就成功了！這件事情是有可能發生的，因此目前許多企業使用區塊鏈的方法雖然沒有意義，還是有可能會成功，至於這麼用區塊鏈到底對不對，早就不重要了！

從商業的角度，「唬外行人做行銷」也是一種很重要的功能，但是要記得：當我們唬別人的時候，必須很清楚知道自己是在唬人，如果唬到連自己都被唬住，那就貽笑大方了！

●唬別人唬到連自己都被唬住了！

曾經有廠商推薦朋友的公司用他們的區塊鏈，朋友請我協助評估，我問廠商的業務：為什麼我能信任你的資料庫？他簡單回答：因為我用區塊鏈。我再問：為什麼你用區塊鏈我就能信任你的資料庫？他立刻瞪大眼睛看著我，同時露出難以置信的表情回答：你不知道區塊鏈可以信任嗎？我猜他心裡肯定還講了一句：這麼簡單的東西你都不懂，算什麼專家？後來再聊，才知道這是因為這位業務本身不是程式設計師，他對區塊鏈的知識都是公司的人告訴他的。我後來只能搖搖頭和朋友說，這種就是唬別人唬到連自己都被唬住了！

目前的區塊鏈熱潮，讓我想起20年前的「奈米科技」，全球瘋狂舉辦各種研討會、高峰會，世界各國都投入大量資源研究奈米科技。可能有人還記得，當時有廠商開發出號稱噴在室內可以消毒殺菌的「奈米光觸媒」，還宣稱總統府率先使用，因此稱為「總統級奈米光觸媒」。所謂的奈米光觸媒，其實是二氧化鈦的奈米粒子，尺寸必須小於100奈米，必須是銳鈦礦相(某一種原子排列方式),而且必須用足夠強度的紫外光照射數小時才有效果。但是室內沒有紫外光,用在室內根本無效,問題是廠商哪管這些?大家到底懂不懂不重要,先把客戶「唬」進來再說,顯然是拿「奈米科技」當噱頭,唬外行人做行銷而已!

5-6
區塊鏈真正的功能到底在哪裡？

前面談到區塊鏈 80% 的應用是「唬外行人做行銷」，從商業的角度，「唬外行人做行銷」也是一種很重要的功能。那麼，除了用專有名詞唬外行人，區塊鏈還有沒有實際的功能呢？

● 區塊鏈 20% 的應用：地位平等做生意

我們用近年來政府全力推動的「金融函證區塊鏈」來說明，如圖 5-5 所示，會計事務所每年都要對企業查帳，以前會計事務所、受查企業、金控銀行必須用紙本公文往返溝通，由會計事務所發函受查企業同意查帳，再發函金控銀行收集帳務資訊，才能讓銀行把企業帳目交給會計事務所查核。這裡有帳目造假的可能，而且紙本公文往返也浪費許多時間。但是只要所有會計事務所與銀行加入「金融函證區塊鏈」，銀行將所有資料直接上傳區塊鏈，會計事務所直接到區塊鏈下載資料，就可以完成查核工作，不但使用方便，而且因為區塊鏈去中心化、不可竄改、可以信任，因此這樣的運作模式更好，你覺得對嗎？

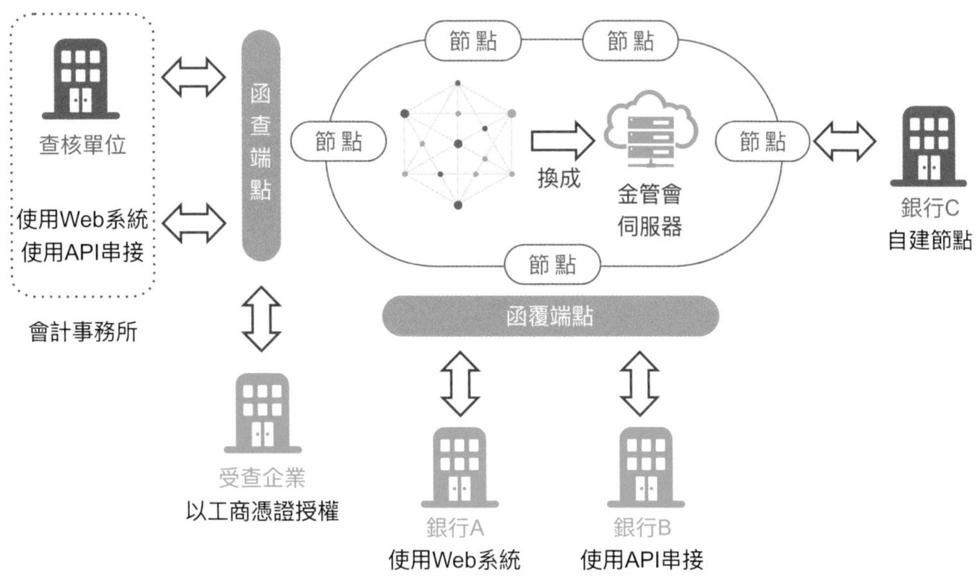

圖 5-5　金融函證區塊鏈示意圖。

圖 5-5 其實畫的都對，前述文字說明問題也不大。唯一的問題是，如果我們把「金融函證區塊鏈」換成一台「金管會伺服器」，不是全部都做到了嗎？是因為我們懷疑銀行會上傳假資料到金管會伺服器嗎？如果是這樣，那用區塊鏈也防不了呀！還是我們懷疑金管會可能竄改伺服器的資料？

金融函證之所以必須使用區塊鏈來做才能成功，不是因為技術，而是因為商業模式。這裡我們用一個比較俏皮的比喻來說明，雖然不完全正確，但是容易理解：金管會是老大，問題是，要架一台伺服器管理全臺灣所有企業的審計相關資料，是個龐大的工程，必須組建一個工程團隊來維持營運，而金管會主要的職責是監督管理，不是金融營運，所以「老大不想當老大」，理所當然。

那麼老二架一台伺服器總可以了吧！金融函證區塊鏈目前是由財金資訊公司建置，請財金資訊公司架一台伺服器，為什麼也不行呢？理論上當然可以，但是因為「大家都想當老大」，為什麼財金資訊公司架一台伺服器，會計事務所和金控銀行就要買單？因此只有使用「金融函證區塊鏈」，才能把大家都拉進來玩這一局。每家公司都可以是一個節點，大家地位平等做生意，又可以用「金融創新」作為口號來行銷，不是更容易讓人買單？

● 當「老大不想當老大、大家都想當老大」，那就區塊鏈吧！

所以區塊鏈 20% 的應用是讓大家「地位平等做生意」，當「老大不想當老大、大家都想當老大」，那就區塊鏈吧！撇開複雜的技術不談，這是目前區塊鏈最大的意義。我們再把這個模式套到前面的例子：醫療病歷、農產履歷、學歷證明，就會發現全部都是相同的理由，因為老大健保局、農委會、教育部不想當老大，所以就讓民間公司來做，問題是這些民間公司都太小，如何說服醫院、農會、學校這些大傢伙一起加入呢？那就「區塊鏈」吧！

事實上，並不是所有的老大都不想當老大，別忘了農委會也有一個「產銷履歷」，把資料儲存在一台電腦裡（中心化），事實上做得很好，那為什麼還需要私人企業建置農產履歷區塊鏈？因為私人企業如果用一台電腦建立農產履歷，誰會用呢？只有使用「農產履歷區塊鏈」，才能把農產品的上游供應商、中游製造商、下游經銷商都拉進來玩這一局，每家公司都可以是一個節點，大家地位平等做生意，而且「科技創新」是一個很好的行銷話題，這樣才能說服眾人，不是嗎？

● 使用區塊鏈還有哪些優缺點？

使用區塊鏈除了能讓大家地位平等做生意，有些人認為把資料去中心化，分散儲存在幾千台、幾百台、幾十台電腦(節點)，會有許多好處，例如：怪客攻擊一台電腦也沒用，或是其中一台電腦故障了也沒關係，因為還有其他許多電腦保存正確的資料，因此使用區塊鏈能夠確保資訊安全。這樣的說法都似是而非。

把資料分散儲存，確實可能有這些好處，但是目前的資料中心原本就是用分散的方法在備份資料，並不需要什麼區塊鏈。而且把資料集中保管，可以建立嚴密的防火牆來阻擋怪客，但是當我們把資料去中心化，分散儲存在幾千台電腦，因為成本考量，很難針對幾千台電腦建立嚴密的防火牆，這可能反而讓怪客有可乘之機。此外，因為區塊鏈大部分有使用許多演算法來運算，這會限制資料庫的使用條件。這些都是代價，當我們這麼做時，要先問問自己「為什麼」？因此我才說，用區塊鏈解決了某些問題，但是又製造了某些問題。

以金融函證區塊鏈為例，大型企業在各家銀行的帳目資料不算小，因此不可能全部上傳區塊鏈，事實上也沒必要。可能的做法是，將帳目資料經由雜湊演算法運算出來的「雜湊值(Hash)」上傳區塊鏈(去中心化)，這是函證最重要的功能，當然也可以上傳一台伺服器(中心化)來做，用與不用，不是技術問題，而是商業模式。只是要記得，企業財報造假，一般都是企業提供假資料，而不是竄改已經寫入的資料，而驗證資料真假這件事，區塊鏈幫不上忙。

第 6 章

非同質化代幣 (NFT) 的原理與應用

6-1 什麼是乙太坊智能合約（Smart contract）？

6-2 什麼是非同質化代幣（NFT）？

6-3 非同質化代幣（NFT）的炒作手法

6-4 如何利用媒體散布假新聞？

6-5 非同質化代幣（NFT）真正的用途在哪裡？

媒體報導，推特(Twitter)執行長杜錫(Jack Dorsey)把自己15年前發出的首條推文拿來發行「非同質化代幣(NFT)」並且拍賣，最後以290萬美元(1,630枚乙太幣)成交，由區塊鏈公司Bridge Oracle執行長得標，一則貼文賣了290萬美元(大約新臺幣8,200萬元)。報導中說，由此可見大眾對經由區塊鏈技術認證的虛擬物品胃口有多大，這次杜錫推文的拍賣凸顯了人們對非同質化代幣的興趣激增。事實真的是這樣嗎？到底什麼是NFT ？為什麼有人願意用這麼高的價格買下一個虛擬、不存在的東西？

6-1
什麼是乙太坊智能合約(Smart contract)？

比特幣的區塊鏈只能記錄比特幣的交易，而且記錄之後就無法竄改，但是應用範圍很有限。那麼，是不是有什麼辦法可以增加區塊鏈的應用？於是科學家們發明了「智能合約(Smart contract)」，到底什麼是智能合約？為什麼稱為「智能」呢？

● 智能合約(Smart contract)的定義

區塊就是存摺，區塊鏈就是存摺鏈(很多本存摺)，因此區塊鏈只是儲存資料的「資料結構(Data structure)」而已。既然是儲存資料，為什麼只能儲存「交易紀錄」，不能儲存「任何資料」呢？因此乙太坊(Ethereum)創辦人布特林(Vitalik Buterin)創造了乙太坊區塊鏈，只要支付手續費，就可以請乙太坊礦工記錄任何資料，一段文字、一張圖片、一個合約、一段程式都可以，我們稱為「智能合約(Smart contract)」。

舉例來說，我想要發行一種「知識幣」，但是目前知識幣大家沒聽過、不值錢，因此我號召不了知識幣礦工替我記帳，那該怎麼辦呢？沒關係，只要支付手續費，就可以請乙太坊礦工替我記帳。Alice把「知識幣」匯給Bob，這筆交易記錄在乙太幣礦工電腦的「乙太幣帳本」裡，最重要的是必須支付乙太幣作為礦工獎勵金，因此我必須花錢去買乙太幣，如此一來就可以增加乙太幣的流通，讓乙太幣成為大家共同流通使用的加密貨幣。乙太坊的創辦人很聰明吧！

比特幣帳本就是比特幣的區塊鏈，只能記錄比特幣的交易，稱為「區塊鏈 1.0(Blockchain 1.0)」；乙太幣帳本就是乙太幣的區塊鏈，可以記錄任何幣的交易，甚至可以記錄任何資料或可以執行的程式碼，我們稱為「區塊鏈 2.0(Blockchain 2.0)」，如圖 6-1 所示。

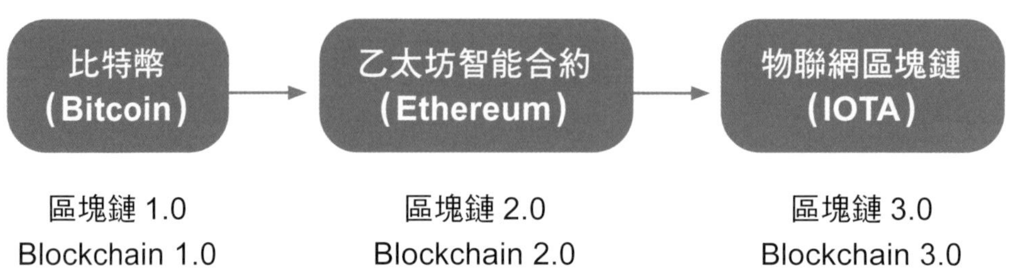

圖 6-1　區塊鏈的世代演進。

既然每個人寫的加密貨幣程式都不相同，知識幣如何儲存在乙太幣帳本裡呢？因此乙太坊區塊鏈有特別的資料結構和標準規格必須遵守，稱為「乙太坊開發者意見(ERC：Ethereum Request for Comments)」，其中使用最廣的是ERC-20 和ERC-721 標準。

● 乙太坊開發者意見-20(ERC-20)

使用ERC-20 標準發行的加密貨幣屬於「同質化代幣(FT：Fungible Token)」，意思是發行的每一枚貨幣都是「本質相同」、可以替換的，就像我們使用的鈔票一樣。你手上的 100 元和我手上的 100 元雖然不是同一張紙，但是它們是等值的，可以替換，就算我們交換了也沒差。一般的加密貨幣都是可以替換的，如果一個東西是可替換的，代表世界上存在跟它完全一樣的東西，例如：我的 1 枚乙太幣和你的 1 枚乙太幣是一樣的東西，對於貨幣，可替換其實是一個必要條件，不然怎麼流通呢？

● 乙太坊開發者意見-721（ERC-721）

使用ERC-721標準發行的加密貨幣屬於「非同質化代幣（NFT：Non-Fungible Token）」，意思是發行的每一枚貨幣都是「本質不同」、獨一無二的，如果一個東西在世界上是獨一無二的，那它就是不可替換的，例如：推特執行長杜錫的首條推文、畢卡索的畫、馬斯克的照片。因此我們可以將杜錫的首條推文變成一段程式碼，寫入智能合約，發行一枚非同質化代幣。由於乙太坊區塊鏈不可竄改，因此可以確保「這枚代幣」是獨一無二的，再把這枚代幣的所有權拍賣給出價最高的人。

如果使用ERC-20智能合約發行的話，就變成一般的加密貨幣，通常發行數量較多，方便流通；如果使用ERC-721智能合約發行的話，就變成非同質化代幣，通常發行數量較少，而且每一枚都不同，不是用來流通的，而是用來拍賣的，所以愈少愈有價值。試想，這枚非同質化代幣代表了杜錫的首條推文、畢卡索的畫，甚至我們可以說服特斯拉執行長馬斯克拍張照片，發行一枚「馬斯克的非同質化代幣」，這枚代幣就代表了馬斯克的照片，很值錢對吧？

這整個故事的重點在於，「智能合約（Smart contract）」是使用區塊鏈發行，因為區塊鏈去中心化、不可竄改、可以信任，又稱為「信任機器（Trust machine）」，所以不論我寫什麼資料到智能合約都可以信任，對嗎？在你還沒看這本書之前，是不是也這樣以為呢？發現這是什麼唬人的把戲了嗎？有沒有發現我像是詐騙集團？

6-2 什麼是非同質化代幣（NFT）？

使用乙太坊開發者意見-721（ERC-721）標準發行的加密貨幣，屬於「非同質化代幣（NFT：Non-Fungible Token）」，意思是發行的每一枚貨幣都是「本質不同」、獨一無二的，那麼要如何應用呢？

● 非同質化代幣（NFT）的應用

如圖 6-2 所示，數位畫家Alice畫了一張電腦畫作，並且用這張畫作到乙太坊區塊鏈平台發行一枚「非同質化代幣（NFT）」，在數位資產交易平台上拍賣，經過買家競標，最後由Bob以 100 枚乙太幣得標。接著Alice把這枚NFT匯給Bob，而Bob把 100 枚乙太幣匯給數位資產交易平台，其中 10 枚乙太幣是手續費，剩下的 90 枚乙太幣再匯給Alice，所有資料都記錄在乙太坊礦工的電腦裡，由於乙太坊區塊鏈不可竄改，是不是就可以確保這枚代幣是真的代表這張電腦畫作？這個問題我們待會再來討論。Alice拍賣電腦畫作的整個行為，和一般的藝術品拍賣大同小異，唯一的差別是必須發行一枚NFT，我們稱為「鑄造（Mint）」。

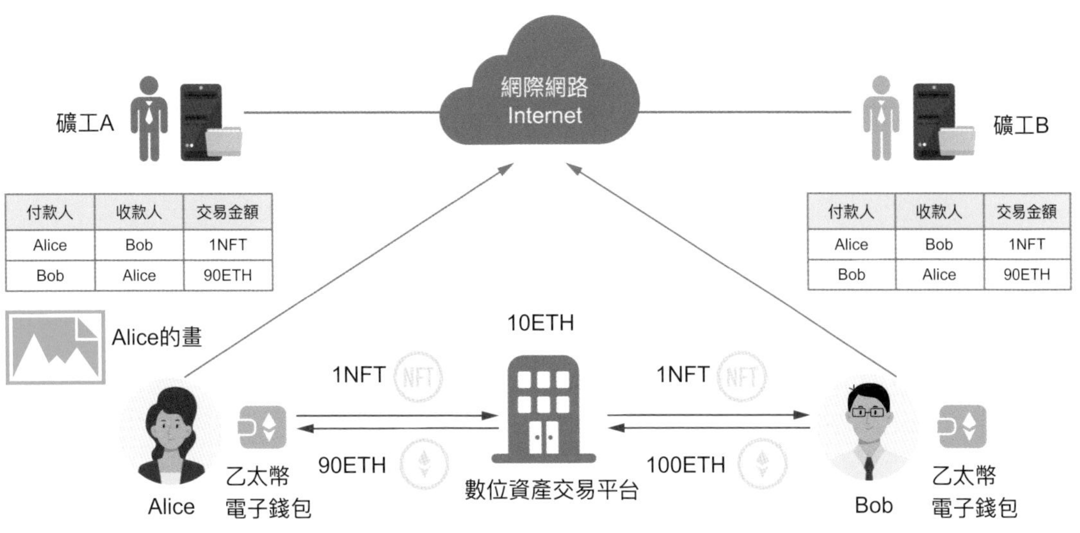

圖 6-2 非同質化代幣（NFT）的發行與交易示意圖。

●買了非同質化代幣（NFT），我實際上拿到了什麼？

如果買了杜錫首條推文的「非同質化代幣（NFT）」，我實際上拿到了什麼？答案是：什麼也沒有，你只是買下了乙太坊認證的一枚NFT，代表你擁有上面這條貼文的「虛擬所有權」而已。任何人進入推特，都還是可以看到杜錫的首條推文，除非他把這條推文下架。**因此你買下這個NFT其實什麼也沒拿到，等於只是捐款給杜錫而已。**

更有趣的是，號稱去中心化、無所不能的區塊鏈技術，並不能確定這枚代表杜錫首條推文的NFT真的是杜錫發行的，因為區塊鏈的驗證技術大部分是匿名的，而大部分的驗證只是確認使用者「真的有上傳資料」而且「不可否認有上傳資料」，並不代表內容正確、可以信任，只是因為這個過程被稱為「驗證（Certificate）」，因此被炒作成區塊鏈的資料「被驗證過、可以信任」。這種誤解來自於大家對「加密技術（Cryptography）」的不了解，也在於炒作者刻意誤導，別有用心。

● 非同質化代幣（NFT）對藝術創作者的意義

一般的藝術品拍賣，買家可以拿到一張實體的畫作，任何其他人畫的都是贗品，而且真假可以經由科學分析技術判斷；但是數位畫家創作的是數位畫作，其實就是個電腦檔案，任何人只要複製這個檔案，拿到的和原本的畫作完全一樣，因此不會有買家想要購買這種任何人都可以任意複製的東西，這樣就很難保障數位畫家的權益。

經由發行「非同質化代幣（NFT）」，可以協助數位畫家創造一枚「唯一的」代幣，代表這幅畫作的虛擬所有權，再拍賣這枚代幣取得報酬。而且非同質化代幣是經由區塊鏈的智能合約程式發行，因此可以設定條件，保障畫家的權益，例如：未來這枚代幣再拍賣轉手時，可以再分潤給畫家，等於未來每次拍賣，畫家都可以取得部分報酬，改善了目前一般的藝術品拍賣，畫家只能拿到第一次拍賣報酬的缺點。

問題是，一般的藝術品拍賣，買家可以拿到一張實體的畫作，但是非同質化代幣拍賣，買家拿到的只是擁有一個數位畫作的虛擬所有權而已，等於只是捐款給畫家，這其實就是當初發明非同質化代幣的目的之一。如果只是捐款而已，為什麼有人會買呢？**因為只要你相信幾年以後可以再用更高的價錢拍賣給別人，你就會買，不是嗎？**有沒有覺得這整件事好像一百年前的「龐氏騙局（Ponzi scheme）」？

6-3

非同質化代幣(NFT)的炒作手法

買下非同質化代幣(NFT),拿到的只是擁有一個數位畫作的虛擬所有權而已,等於只是捐款給畫家。然而,如果只是捐款,為什麼有人會花幾百萬或幾千萬美金去買呢?他們的目的到底是什麼?

●為什麼有人出高價收購?

2006年3月21日,杜錫在鍵盤打下了:「剛剛設定好我的推特(Just setting up my twitter)」,這樣平凡無奇的話,發出後成了史上第一條推文,於是杜錫拿這則推文撰寫一個「智能合約(Smart contract)」,發行一枚「非同質化代幣(NFT)」,並且放在數位資產交易平台上拍賣。

最後由區塊鏈平台波場(TRON)創辦人(帳號@justinsuntron)與區塊鏈新創公司Bridge Oracle執行長(帳號@sinaEstavi)互相競標,從最初的50萬美元(326枚乙太幣)不停喊價競標到最後的290萬美元(1,630枚乙太幣),由Bridge Oracle執行長得標,一則貼文賣了290萬美元(大約新臺幣8,200萬元)。如圖6-3所示,有沒有注意到是誰在互相競標,不停把價格喊高?一位是區塊鏈平台波場(TRON)創辦人,一位是區塊鏈新創公司Bridge Oracle執行長,這些都是加密貨幣玩家,也是目前在經營區塊鏈事業的人,他們真正的目的到底是什麼?

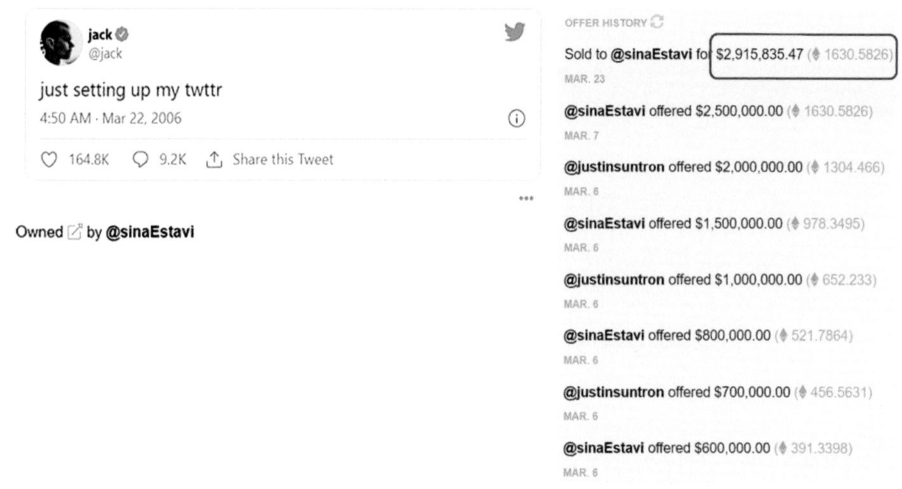

圖 6-3　杜錫用第一則推文發行一枚非同質化代幣（NFT），放在數位資產交易平台上拍賣。資料來源：v.cent.co/tweet/20。

還有更扯的是，美國數位藝術家Beeple彙集Instagram圖片的數位拼貼作品《每一天：最初的 5000 個日子》以非同質化代幣（NFT）拍賣，在佳士得創下 6,900 萬美元的天價；而同年傳統藝術品拍賣莫內的《睡蓮池（Le Bassin Aux Nymphéas）》，才以 7,000 萬美元賣出。莫內親手繪製的一幅畫，竟然與一個任何人都能複製、下載的拼貼圖檔價格相當，大家看出這兩者之間的差別了嗎？

買下《睡蓮池》的人是真的拿了現金 7,000 萬美元，同時帶走莫內《睡蓮池》這幅實體畫作；而買下Instagram圖片數位拼貼作品NFT的人**只是砸下大量「當年不值錢」的加密貨幣炒作NFT，再轉換成「現在貴森森」的美元計價，經由社群媒體炒作擴大聲勢而已**，而且他只是拿到一個「經由區塊鏈認證」的虛擬所有權，實際上就是什麼都沒拿到的意思。難道，他的目的不是要拿到什麼，而是想炒作什麼？

●加密貨幣炒作手法大公開

大部分的加密貨幣玩家，都是在當年很少人採礦，比特幣、乙太幣還不值錢的年代，就開始玩這個遊戲了！他們手上多的是比特幣、乙太幣，而且持有成本極低，杜錫的推文拍賣當時，1 枚比特幣 60,000 美元，1 枚乙太幣 2,000 美元，只要 50 枚比特幣或 1,600 枚乙太幣就有 290 萬美元標下來了，對他們來說成本可能只有幾千甚至幾百美元。有沒有注意到，競標雙方用的其實不是美元，而是乙太幣（ETH）？

用這個手法互相競標，可以製造出以下假象：可見大眾對經由區塊鏈技術認證的虛擬物品胃口有多大〔1〕、這次杜錫推文的拍賣凸顯了人們對NFT的興趣激增〔2〕、一幅數位圖檔 20 億元成交！爆紅的區塊鏈應用NFT震撼全球藝術界的印象〔3〕，媒體標題不是都這麼寫的嗎？如此一來再次炒高加密貨幣，另外在交易所把手上的其他乙太幣或比特幣倒掉一些，不是又大賺一票了？更何況，這些玩家本身就在經營區塊鏈相關的平台或事業，把區塊鏈話題炒熱，原本就是一定要做的行銷，不是嗎？

●把加密貨幣與實體法幣連結，是未來操作重點

你以為這樣故事就結束了？大錯特錯，如果這個遊戲只在虛擬世界玩是沒有用的，因為最後真正值錢的還是法幣，因此必須把加密貨幣與實體法幣連結，讓所有手上持有法幣的人都相信，加密貨幣所代表的「分散式金融（DeFi）」是未來的趨勢，讓大家拿出法幣一起來玩，把現有的實體金融市場與虛擬的分散式金融連結，才是未來操作的重點。馬斯克不就拿了特斯拉的 15 億美金買比特幣嗎？

大家從一些小細節就會發現，這些人是如何用心地把加密貨幣與實體法幣連結，例如：前面提到的杜錫推特貼文，拍賣的時候，平台刻意把美元用粗黑字寫在前面，把乙太幣（ETH）用淺灰字寫在後面，如圖 6-3 所示，目的就是要凸顯出這個拍賣價格多麼高。媒體不是也都用美元價格來報導的嗎？實際上他們是用乙太幣（ETH）交易的。

坦白說，這些人很聰明，用的手法也很高明，只要大家相信加密貨幣是未來的趨勢，這個把戲就能繼續玩下去。重點不是大家對區塊鏈技術認證的虛擬物品胃口有多大，而是如何利用媒體炒作加密貨幣的價格。如果你也是早期的比特幣玩家，手上持有一堆低成本取得的比特幣，那也可以用一樣的手法和他們一起玩；**如果你是現在才想拿辛苦賺來的現金跟他們玩這種把戲，暴漲暴跌當然也有可能會賺錢，但是你玩得過他們嗎？**

6-4
如何利用媒體散布假新聞？

2022年2月3日，中央銀行臉書發文說，金融史上1637年2月3日鬱金香狂熱破滅！瘋狂時一顆球莖可抵一棟豪宅，泡沫破滅後一夕間打回原形，只值一顆洋蔥，因此推論比特幣與非同質化代幣（NFT）可能將成泡沫〔4〕。我想說的是：**千萬別太小看這些「偽金融科技」的唬人把戲了！雖然NFT是龐氏騙局，但是我認為這次泡沫不一定會破滅，如果網路媒體持續散布假新聞的話。**

●散布在各大媒體的假新聞

講起2021年全球最熱門的新聞，就屬加密貨幣與非同質化代幣（NFT）了！每天都有驚人的新聞爆出，媒體們也眼明手快，抓住這個機會炒作新聞，一個寫的比一個勁爆。問題是，我從這些文章背後看到，網路媒體是在對區塊鏈與加密貨幣一知半解的情況下「拼湊」出報導內容。以下是我從許多網路媒體文章裡節錄的文字，大家看看是不是很眼熟？我們把這六則新聞當作「是非題」，你覺得這六題是對還是錯？

(　　) 1. NFT是使用區塊鏈技術發行的智能合約，由於使用區塊鏈技術，因此可以確保NFT去中心化、不可竄改、可以信任。

(　　) 2. 記錄在區塊鏈上的交易歷史，幾乎無法竄改，資料公開透明，所以基於其上發展出的擁有證明牢不可破，人人可自行查閱，公信力大增。

(　　) 3. NFT其實就像一組數位身分證，過去數位資產很難分辨真偽，也難以證明所有權；NFT透過獨一無二的身分證，帶來識別擁有權的功能。

(　　) 4. NFT利用區塊鏈技術產生一組「編號」，讓作品無法被複製和造假，不論是一首歌、一張圖片，只要發行獨一無二的編號，它就是世界唯一、不可替換的。

(　　) 5. NFT由於採用了區塊鏈的加密技術，經由「鑄造(Mint)」後的智能合約使交易歷史、買賣權所屬人無法偽造，並可以追溯到最初「正本」的擁有者是誰。

(　　) 6. NFT去中心化的特性也讓它不受第三方機構介入，方便直接透過現有社群聲量變現，不讓平台抽成。

在不了解區塊鏈技術的情況下，很難給出確定的答案，對吧？以上六個是非題的答案都是「錯」，嚴格來講是部分錯，而不是完全錯，但是錯的恰好是最重要的部分，依照是非題的答題規則，只要最重要的部分錯了，答案就是「錯」。

從這裡可以看出，整個網路媒體已經成為加密貨幣與NFT炒手的假新聞散布管道。唯一的解決辦法只能是經由教育的方式，讓大家真正了解區塊鏈、加密貨幣與NFT的技術原理。問題是這些東西難度有點高，誰想要坐下來聽三小時這麼枯燥乏味的課程呢？

● 上面六個是非題錯在哪裡？

1. NFT是使用區塊鏈技術發行的智能合約，由於使用區塊鏈技術，因此可以確保NFT去中心化、不可竄改、可以信任。

正解：區塊鏈不代表去中心化、不可竄改、可以信任，事實上只有「公有鏈」與「真聯盟鏈」可以確保資料去中心化、不可竄改，「假聯盟鏈」與「私有鏈」都是沒用的廢物。而且資料不可竄改，不代表可以信任；換句話說，使用公有鏈發行的智能合約只能確定去中心化、不可竄改，但是智能合約裡的內容不可竄改，不代表可以信任。**我也可以拿前面Alice的電腦畫作發行一枚NFT來拍賣，買家無法從NFT裡確認到底是真是假**，就算買了這枚NFT也不代表擁有這幅畫，那你到底買的是什麼？

2. 記錄在區塊鏈上的交易歷史，幾乎無法竄改，資料公開透明，所以基於其上發展出的擁有證明牢不可破，人人可自行查閱，公信力大增。

正解：公有鏈上的交易歷史幾乎無法竄改是沒錯，但是這些「資料」，也就是所謂的「智能合約」大部分是匿名的，怎麼叫「公開透明」？就算是使用實名，前面介紹過智能合約裡的內容不可竄改，不代表可以信任，何來的「公信力大增」？

3. NFT 其實就像一組數位身分證，過去數位資產很難分辨真偽，也難以證明所有權；NFT 透過獨一無二的身分證，帶來識別擁有權的功能。

正解：這枚非同質化代幣（NFT）「獨一無二的」是沒錯，但是前面介紹過，區塊鏈技術甚至都不能確定這枚 NFT 到底是不是真的由這個數位資產的作者發行的，如何能用來識別擁有權？

4. NFT 利用區塊鏈技術產生一組「編號」，讓作品無法被複製和造假，不論是一首歌、一張圖片，只要發行獨一無二的編號，它就是世界唯一、不可替換的。

正解：NFT 利用區塊鏈技術產生一組獨一無二的編號是沒錯，但是只能確定這枚NFT無法被複製和造假，而無法確定「作品」無法被複製和造假，而且區塊鏈技術甚至都不能確定這枚NFT到底是不是真的由這個數位資產的作者發行的，買這枚NFT和這一首歌、一張圖片有什麼關係？

5. 由於採用了區塊鏈的加密技術，經由「鑄造(Mint)」後的智能合約使交易歷史、買賣權所屬人無法偽造，並可以追溯到最初「正本」的擁有者是誰。

正解：採用了區塊鏈的加密技術鑄造後的智能合約無法偽造是沒錯，但是只能追溯到這枚NFT是不是最初發行的「正本」，由於NFT大部分都是匿名發行，所以也不知道這枚NFT的擁有者「是誰」，只能確定這枚NFT的擁有者「存在」。但是區塊鏈技術甚至都不能確定這枚NFT到底是不是真的由這個數位資產的作者發行的，所以即使追溯到這枚NFT是「正本」，和數位資產有什麼關係？

6. NFT去中心化的特性也讓它不受第三方機構介入，方便直接透過現有社群聲量變現，不讓中心化的平台抽成。

正解：NFT去中心化的特性讓它不受第三方機構介入是沒錯，問題在於，**只有這枚NFT「本身」不受第三方機構介入，但是其他重要的事都需要第三方機構中心化的平台來進行**，這一題是最重要的，也是大家常常弄錯的，需要好好說明。

6-5
非同質化代幣（NFT）真正的用途在哪裡？

了解區塊鏈與非同質化代幣（NFT）的原理，又分析了六則媒體常看到的假新聞後，發現大家其實對NFT有許多誤會。現在誤會解開了，許多廠商就問我：我的生意模式適合使用NFT嗎？我給的回答大部分是「要用」。明明像是龐氏騙局，為什麼還要用呢？

● 科技產業用專有名詞唬人做行銷，是八分真兩分假

科技產業用專有名詞唬人做行銷是常有的事，例如：使用「量子點發光二極體（QLED）」取代「白光發光二極體（WLED）」製作的液晶電視改名叫「量子電視」〔5〕，事實上它和量子科技裡的量子疊加與量子糾纏沒有關係，只是因為科學家把某些無機奈米材料因為尺寸大小不同發出不同顏色的光稱為「量子局限效應」，因此廠商就把這種液晶電視改名叫「量子電視」，它就是個液晶電視而已，改了名字方便行銷，但是確實用了量子點發光二極體讓電視的色彩更鮮明，因此我說它是「八分真兩分假」。

目前鋰電池的負極材料（陽極材料）或正極材料（陰極材料），為了增加導電性，會添加一點點「石墨烯（Graphene）」，業界專家都知道這是很普通的常識，但是卻有廠商將這種添加「一點點」石墨烯的鋰電池改名叫「石墨烯電池」〔6〕，然後經由媒體發布新聞稿，炒作成什麼劃時代的創新產品。但是鋰電池的負極或正極加了石墨烯確實是增加導電性，讓電池的性能更好，因此我說它是「八分真兩分假」。

●加密貨幣用專有名詞唬外行人，卻是八分假兩分真

在乙太坊區塊鏈或其他公有鏈上發行智能合約，建立一枚「非同質化代幣(NFT)」，只能確定發行者「真的有」而且「不可否認有」發行這枚NFT，同時「這枚NFT」是獨一無二的不可竄改，同時「這枚NFT」可以經由公有鏈的運作機制轉移給不同的買家，讓使用者可以跨平台交易，不必被限制在佳士得或蘇富比的平台內轉移，這是傳統藝術品拍賣中心發行NFT對使用者最大的意義，所有的交易紀錄去中心化儲存在礦工的電腦裡，區塊鏈技術能做到的就是這些了！

其他的事情，包括：**證明數位資產的真偽與所有權、讓作品無法被複製和造假、追溯到最初作品正本的擁有者等工作，都和NFT無關，都必須第三方機構介入**，通常就是由拍賣這些NFT的數位資產交易平台處理。所以過去傳統拍賣遇到最嚴重的問題，使用NFT其實並沒有解決。因此「NFT去中心化」只是個幌子，用來炒幣圈錢而已！實際上最重要的事情還是經由「中心化」的第三方機構來進行，和傳統拍賣一樣，所以我說這根本是「偽金融科技」。事實是第三方機構也沒有能力做到這些驗證，現在大家明白為什麼數位資產交易平台Cent上面會詐騙、假貨橫行了吧！〔7〕

●非同質化代幣(NFT)真正的用途到底在哪裡？

舉例來說，佳士得可以找專家鑑定某一幅畫作真的是「張大千的真跡」，同時準備一個恆溫恆濕又安全的保險櫃來保存這幅真跡，並且為這幅畫作「背書保證」，撰寫智能合約發行一枚「非同質化代幣(NFT)」，等同於這幅畫的「所有權證明」，再拍賣給出價最高的買家。由於智能合

約是使用程式撰寫，因此可以設定條件，例如：未來這枚NFT再拍賣轉手時，可以再分潤給佳士得與張大千，等於未來每次拍賣佳士得可以取得部分報酬，作為保管費用，作者也可以得到應有的分潤。

重點是買家標下這枚NFT不必把畫領回家，畢竟不是每個人家裡都有恆溫恆濕又安全的保險櫃來保存這幅真跡，只需要用電子錢包把NFT轉移給買家，所有的交易紀錄去中心化儲存在礦工的電腦裡，未來這枚NFT再拍賣轉手時，可以經由公有鏈的運作機制轉移給不同的買家，讓使用者可以跨平台交易，而且可以匿名，不必被限制在佳士得的平台內轉移。雖然佳士得可能因此賺不到拍賣的手續費，但是仍然可以拿到智能合約裡的分潤，因此佳士得通常會接受這樣的商業模式。

重點是，這幅張大千的畫作真跡必須由佳士得來背書保證，而不是NFT，因此必須由佳士得來保管才有效用。如果買家領走這幅畫作，還能保證這枚NFT代表「張大千的真跡」嗎？有沒有可能買家把這幅真跡領走之後，找人畫了一幅贗品，連同這枚NFT一起轉手詐欺下一位買家呢？因此網路媒體上寫NFT利用區塊鏈技術產生一組「編號」，讓作品無法被複製和造假，根本就是胡說八道！

上面這個例子就說明，**證明數位資產的真偽與所有權、讓作品無法被複製和造假、追溯到最初作品正本的擁有者等工作，都和NFT沒有關係，都必須第三方機構介入**，NFT只能讓未來這枚NFT再拍賣轉手時，可以經由公有鏈的運作機制轉移給不同的買家，讓使用者可以跨平台交易，而且可以匿名。有沒有發現「無所不能」的區塊鏈與NFT功能一下子少了很多，和他們宣傳的差很大？

● 你是信任NFT，還是信任佳士得或蘇富比？

明眼人都看得出來，上述這個商業模式裡，其實這枚非同質化代幣(NFT)和「所有權證明」的意義完全相同。事實上佳士得可以發行紙本憑證，當然也可以發行一般的數位憑證，不必發行NFT，這個商業模式和我們去銀行開黃金存摺是一樣的概念。銀行找專家鑑定這是真的黃金，同時準備一個安全的保險櫃來保存，並且為這些黃金「背書保證」。開辦黃金存摺，買家購買黃金時不必把黃金領回家，畢竟，不是每個人家裡都有安全的保險櫃來保存黃金。重點是黃金存摺無法跨平台交易，在臺灣銀行開立黃金存摺就必須到臺灣銀行交易，而且必須實名，沒辦法用來洗錢，就只有這個「缺點」而已。

從上面的介紹就知道，NFT就是個「所有權證明」，如此而已。在這個商業模式裡，你是信任NFT還是信任第三方認證機構？是NFT讓你辨別出數位資產的真假，還是第三方認證機構讓你辨別出數位資產的真假？答案顯而易見，第三方認證機構才是主角，少了第三方認證機構，NFT就是個只能炒作洗錢，而沒有其他用途的廢物。

● 為什麼佳士得用NFT優於數位憑證呢？

➡ 唬外行人做行銷效果好：現在整個市場都在談NFT，所有媒體都在寫NFT，雞排、畫作、音樂、電影、球賽都可以NFT，先不管到底用了NFT有什麼意義，更何況發行NFT只需要寫一個簡單的智能合約，用這麼低的成本創造這麼高的行銷廣告效果，光這一點就值得做了！

- 匿名洗錢需求方便好用：一般的數位憑證或紙本憑證，只能在發行者的網站上交易，而且無法匿名，洗錢不方便，例如：佳士得必須用一台伺服器「中心化」發行數位憑證，監管機關會要求佳士得實名認證並且監管，想要洗錢的人就沒興趣來競標了！因此如果想要洗錢，還是只能把畫作領走；而NFT讓使用者可以跨平台交易，不必把畫作領走，而且可以匿名，用來洗錢方便多了！
- 吸引炒手抬高拍賣價格：佳士得用NFT優於用數位憑證或紙本憑證，主要不是因為NFT是什麼偉大的創新技術，為藝術創作帶來價值，而是這些炒作加密貨幣的人在尋找炒作對象。**佳士得用了NFT，可以吸引這些炒作的人砸下大量「當年不值錢，現在貴森森」的加密貨幣來競標**，對佳士得與藝術創作者而言，可以利用這個機會賺一票，所以它骨子裡還是龐氏騙局，只是這個龐氏騙局在無意間贊助了藝術創作者，算是NFT帶給人類比較有意義的價值吧！

第 7 章

破解加密貨幣謬論

7-1 這些聰明的人到底用哪些手法在唬弄我們？

7-2 到底是金融創新還是金融詐騙？

7-3 跨國匯兌免手續費：瑞波幣（XRP）

7-4 比美元還好用的美元：穩定幣（Stable coin）

7-5 風光登場無疾而終：天秤幣（Libra）

馬斯克（Elon Musk）光環加持比特幣，一句話大漲，一句話跳水，根本沒有所謂的「去中心化」。加密貨幣創造一堆艱深難懂的區塊鏈專有名詞，包裝著金融科技的外衣炒作哄抬，不只唬了一堆投資人，還把金融監管機關耍得團團轉，因此應該制定相關的法規加以限制，才能維護金融市場的健全與穩定。

7-1
這些聰明的人到底用哪些手法在唬弄我們？

媒體報導，知名創業家馬斯克擔憂比特幣的挖礦及交易活動可能使用太多化石燃料不環保，進而暫停讓特斯拉接受比特幣付款，再加上中國大陸封殺加密貨幣，禁止金融及支付機構從事相關業務，2021 年比特幣在一個月內由 60,000 美元暴跌 50% 到接近 30,000 美元〔1〕，方舟投資（Ark Invest）直言馬斯克被誤導了，其實比特幣採礦運算「很環保」，那麼到底發生了什麼事？

● 採礦的目的是為了「確保交易紀錄無法竄改」

比特幣的區塊鏈只是用來記錄全世界所有使用者支付比特幣的「交易紀錄（Transaction）」，我們稱為「比特幣帳本（Bitcoin ledger）」，因此區塊鏈只是一種記錄資料的資料結構，就好像我們的銀行存摺一樣。差別在於，銀行存摺是儲存在「銀行」的電腦裡（中心化），而比特幣帳本是被複製一萬多份，並且分散儲存在一萬多個彼此互不認識的「礦工」電腦裡（去中心化）。

比特幣帳本就像是銀行存摺，記錄了我們的財產。這麼重要的東西儲存在一萬多個彼此互不認識，我們也不認識的礦工電腦裡，怎麼能放心呢？因此必須經由「採礦」不停重複猜Nonce、算Hash、比大小的運算，確保交易紀錄無法竄改，才能讓我們放心。但是這樣造成處理器全開，浪費大量電能，主要卻只是為了「確保交易紀錄無法竄改」，實在是得不償失。

●比特幣採礦到底消耗多少電能？

號稱數位資產領域「高盛」的加密貨幣投資銀行「銀河數位（Galaxy Digital）」，在 2021 年 5 月發表了一份報告，說明全球比特幣採礦的耗電量每年大約 114 兆瓦時，而銀行體系的耗電量每年高達 264 兆瓦時〔2〕，如圖 7-1 所示，因此比特幣的耗電量不到傳統銀行的一半，顯然「很環保」。

根據銀河數位公司的資料估計，比特幣的直接的能源消耗有三個：驗證和中繼交易的節點、協調全球礦工活動的礦池、礦工所使用的採礦機，其中絕大多數能源消耗來自運行中的採礦機，大約占 99.8%，說白了就是幾乎所有電能都是採礦機用掉的。

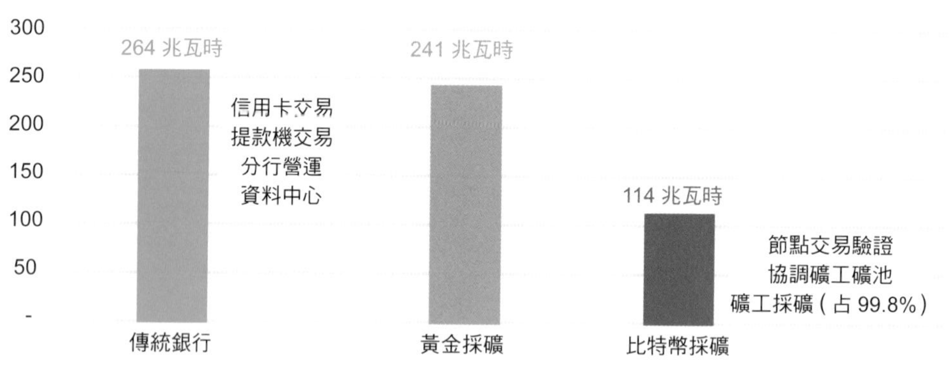

圖 7-1　三種資產每年的耗電量〔2〕。

●採礦機浪費了這麼多電能，到底做了什麼？

答案是：記帳，對，你沒有看錯，比特幣每年浪費這麼多電能，就只是為了記帳而已。為了確保交易資料無法竄改，比特幣設計成大約每 10 分鐘=600 秒採出一個區塊，一個區塊大約 1MB=1,024×1,024B，一筆交易大約 256B，因此一個區塊大約儲存 4,096 筆交易（1,024×1,024B/256B=4,096），平均每秒最多只能處理 6.82 筆交易（4,096/600=6.82）。

問題是，把帳本記錄在中心化的銀行裡，在金融監管機關的監督下，交易紀錄也不會被竄改呀！為什麼要把交易紀錄分散儲存在一萬多個大家不認識的比特幣礦工電腦裡，再浪費電能來確保交易紀錄無法竄改呢？這就是為了要達到他們吹捧的「去中心化」。看到這裡，有沒有覺得很瞎？

7-2
到底是金融創新還是金融詐騙？

前面介紹過，比特幣平均每秒最多只能處理6.82筆交易，而且只有「記帳」的功能，消耗了很多電能，但是銀河數位的報告卻說，比特幣的耗電量不到傳統銀行的一半，顯然「很環保」。事實真的是這樣嗎？到底是誰在誤導誰呢？

● 比特幣完成一筆交易紀錄的耗電量

銀河數位的報告裡提到，全球比特幣採礦的耗電量每年大約114兆瓦時，所做的工作僅僅只是「記帳」而已。最可笑的是，花了這麼多電能，結果全世界的礦工平均每秒最多只能處理6.82筆交易(實際上的數字更小)，這樣的交易速度讓比特幣除了洗錢和炒作之外毫無用處，**平均一年最多處理大約**2.15**億筆交易，每筆交易平均耗電量大約**53**萬瓦時(相當於**530**度電)**。

6.82筆交易×60秒×60分×24小時×365天＝2.15億筆交易／年

114兆瓦時／2.15億筆交易＝53萬瓦時／筆＝530度電／筆

● 傳統金融完成一筆交易紀錄的耗電量

而圖7-1的報告裡提到，傳統銀行體系的耗電量每年高達264兆瓦時，是統計全球前100大銀行(Top 100 global banks)[3]，所做的工作包括銀行數據中心、銀行分行電費、自動提款機、信用卡網路的數據中心。其中包括每個人的存款、提款、匯款、刷卡等金融交易，更何況前 100 大銀行裡許多是金控公司，例如：排名第 88 名的國泰金控集團（Cathay Financial Holdings）除了國泰世華銀行，還有國泰人壽、國泰產險、國泰綜合證券、國泰創投、國泰投信，提供的服務包括股票、債券、基金、保險、貸款、租賃等金融交易。

假設全世界 70 億人只有 50% 擁有金融帳戶，那就是 35 億人，每人每天只做 4 筆上述的金融交易，每秒鐘就有 16 萬筆交易，**平均一年大約 5 兆筆交易，每筆交易平均耗電量大約 53 瓦時（相當於 0.053 度電）**。

35 億人 ×4 筆交易／（24 小時 ×60 分 ×60 秒）＝ 16 萬筆交易／秒
16 萬筆交易 ×60 秒 ×60 分 ×24 小時 ×365 天＝ 5 兆筆交易／年
264 兆瓦時／ 5 兆筆交易＝ 53 瓦時／筆＝ 0.053 度電／筆

● 到底是「金融創新」還是「金融詐騙」？

「金融創新」的比特幣，每筆交易平均耗電量大約 53 萬瓦時（530 度電），而且就只有貨幣轉帳的功能而已；「傳統老舊」的銀行體系每筆交易平均耗電量大約 53 瓦時（0.053 度電），而且可以完成存款、提款、匯款、刷卡、股票、債券、基金、保險、貸款、租賃等金融交易。顯然比特幣不但功能極為有限，耗電量更是銀行體系的 1 萬倍（53 萬瓦時／ 53 瓦時＝ 1 萬倍），到底是「金融創新」的比特幣比較有效率，還是「傳統老舊」的銀行體系比較有效率？這份報告拿香蕉比芭樂，只比較總耗電量，卻刻意忽略兩者提供服務的差異，到底是什麼用意？

臺灣近年來電力吃緊，這是我們走向環保綠色能源必須面對的問題，怎麼能夠浪費珍貴的電力去做採礦這種毫無意義的事？因此政府應該立法，以價格或總量限制大型加密貨幣礦場的採礦行為，將電力應用在半導體、工業發展、智慧農業、民生消費等領域，才有意義！

●是否為了炒作刻意誤導，別有用心？

方舟投資說，其實比特幣採礦運算「很環保」，這個說錯我不怪他們，畢竟方舟是投資公司，投資專家無法完全弄懂比特幣這種用艱澀難懂的區塊鏈專有名詞堆砌出來的「金融創新」，這很合理。套一句電影裡的名言：比特幣，這種高級貨，你們當然不認識！不過顯然不是馬斯克被誤導了，而是方舟投資被誤導了！

號稱數位資產領域「高盛」的加密貨幣投資銀行「銀河數位」，在2021年5月發表報告，說明全球比特幣採礦的耗電量每年大約114兆瓦時，而銀行體系的耗電量每年高達264兆瓦時，顯然比特幣「很環保」，最後的結論還提到：

> 能源是唯一的通用貨幣，比特幣是另一個例子。如果我們回到原始問題：比特幣網路的用電量是否可以接受？我們的答案絕對是：是的。
>
> (So, if we return one last time to the original question: Is the Bitcoin network's electricity consumption an acceptable use of energy? Our answer is definitive: yes.)

我一直在思考，銀河數位是懂還是不懂比特幣？號稱數位資產領域的「高盛」，那應該是懂的吧！了解比特幣的原理卻寫出這種報告，到底是什麼用意？大家現在了解了比特幣採礦的原理，再回頭來看上面這句話，應該可以自己判斷誰是誰非了吧！

7-3
跨國匯兌免手續費：瑞波幣（XRP：Ripple）

長期以來，我們跨國匯款要經由環球銀行金融電信協會（SWIFT：The Society for Worldwide Interbank Financial Telecommunication），手續費與時間成本高，因此加密貨幣的發明人自然會把目光盯上這個充滿機會的市場。那麼，要如何利用區塊鏈技術來改善現有的跨國匯款流程呢？到底瑞波幣在玩什麼把戲？

● 區塊鏈的跨境支付應用

講到金融科技，免不了要談區塊鏈的跨境支付應用，例如：瑞波幣利用區塊鏈技術進行國際金融交易，提供跨境支付解決方案，最大的特色就是支付結算只要幾秒鐘，而且交易手續費幾乎是零。而一般的跨境匯款，為了滿足監理機關法規，必須進行複雜的人工核對程序，延遲常常超過一天，而且傳統貨幣有匯兌問題，不同貨幣之間轉換要支付手續費，並且承擔匯兌風險，跨國匯款要經由環球銀行金融電信協會（SWIFT），手續費與時間成本高。

許多人以為，瑞波幣支付結算只要幾秒鐘，是因為使用了什麼神奇的區塊鏈技術，事實上瑞波實驗室並不使用比特幣或乙太幣的區塊鏈（存摺鏈）與採礦運算，而是使用所謂「分散式帳本（Distributed ledger）」。大家以為這又是什麼金融創新，然而事實上，只有他們認可的機構才能成為記帳節點，因此它的運作方式類似於我常說的「私有鏈」或「假聯盟鏈」，就是找一群自己人來記帳，而且以瑞波幣支付結算，可以繞過目前所有的監理機制，無須複雜的人工核對程序，也沒有一堆中介平台，因此不但交易快速，且手續費低。事實上，這並不需要區塊鏈，而是架設一台普通的交易伺服器也能做到，只是世界各國金融主管機關同不同意的問題罷了！

●皆大歡喜的金融創新

大家可能覺得上面的文字描述很難理解，我來畫個示意圖，說明○○幣的運作概念吧！如圖 7-2 所示，在臺灣的小王想要匯款新臺幣 30 萬元給在美國的小美，因此可以向發行單位買入 1 萬枚○○幣。事實上他什麼也沒拿到，只是付了新臺幣在手機應用程式（App）顯示他有 1 萬枚○○幣而已（每一枚新臺幣 30 元）。接下來，小王用手機應用程式匯款給在美國的小美，小美拿到○○幣，就可以換回美金 1 萬元來使用。假設新臺幣兌換美元為 30：1，這個過程就像我們從臺灣傳簡訊給美國的朋友一樣，理論上一瞬間就可以完成，因為交易紀錄要同步到幾個分散式帳本，所以只要幾秒鐘很合理，這個和神奇的區塊鏈技術沒有關係。

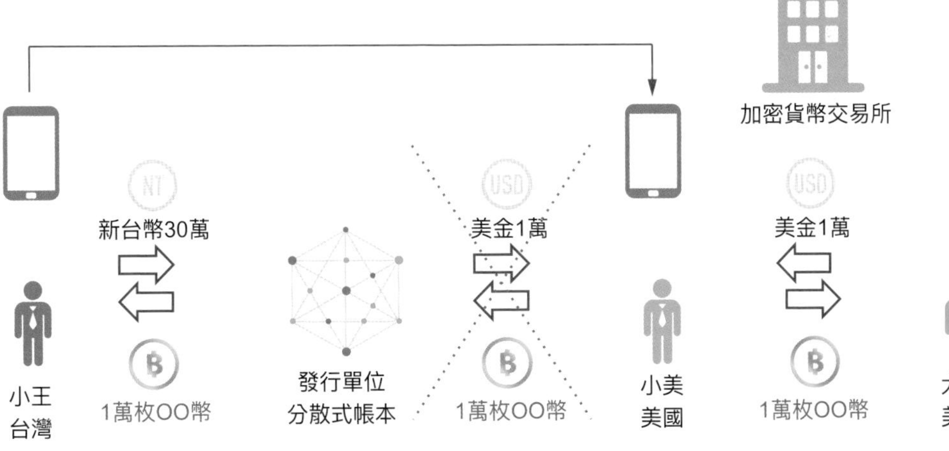

圖 7-2　跨國匯兌 3 秒鐘免手續費，假設 1 枚 OO 幣＝美金 1 元＝新臺幣 30 元。

問題是，如果在美國的小美拿到 1 萬枚〇〇幣，和發行單位換回美金 1 萬元，那發行單位就算收了手續費，卻要承擔匯兌風險，可能會賠錢，不就是盤子嗎？因此發行單位要做的事是想辦法操作市場，到處宣講，說服大家〇〇幣未來可以取代黃金保值，可以取代美金交易，可以跨國匯兌免手續費等，總之就是未來會漲，所以要趕快投資。因此，在美國的另一位投資人大明拿出美金 1 萬元，買走小美手上的 1 萬枚〇〇幣。

結局是，在臺灣的小王成功匯了美金 1 萬元給在美國的小美，投資人大明開心地持有了他認為未來會漲的 1 萬枚〇〇幣。大家猜猜圖中最開心的是誰？發行單位成功把〇〇幣換成現金，可真是皆大歡喜呀！

大家想想，當小王拿新臺幣 30 萬和發行單位換 1 萬枚〇〇幣的時候，小王心中難道不會覺得疑惑嗎？他也想問問發行單位，你給我的這個〇〇幣到底是什麼？為什麼我可以相信你？大家猜猜發行單位會怎麼回答？

我這個〇〇幣是使用創新的「區塊鏈分散式帳本」，你沒聽說過嗎？區塊鏈去中心化、不可竄改、可以信任，所以你可以信任我！大家覺得小王聽了這樣的說法，是不是就信了？現在知道專有名詞的用處了嗎？

● 為什麼證券交易委員會（SEC）認定瑞波幣是證券？

媒體報導，證券交易委員會（SEC）在 2020 年底正式控告瑞波幣（XRP：Ripple）母公司瑞波實驗室（Ripple Labs）的創辦人與執行長違反美國證券法，理由是瑞波幣應該視為證券，因此發行商不論是出售給一般投資人，或是在二級市場交易，都必須遵守聯邦證券法規的要求進行註冊〔4〕。

瑞波幣是由瑞波實驗室建立，不像比特幣需要採礦，而是從一開始就直接發行 1,000 億枚，不直接在整個網路中流通，而是透過緩慢的發行。

說穿了，就是一家公司弄了一個類似區塊鏈的所謂「分散式帳本」，寫個程式就無中生有發行了 1,000 億枚瑞波幣。因為一下子往市場全部倒出去，幣值會崩盤，所以就「緩慢的倒」，把它換成現金。美國證券交易委員會在起訴書中指出：瑞波幣的創辦人與執行長從 2013 年起在全球市場銷售瑞波幣獲得營運資金，同時也出售自己手上價值大約 6 億美元的瑞波幣，目前公司還握有大約 500 億枚，每季都藉由出售瑞波幣來獲利。

瑞波幣執行長辯稱：不論是美國司法部、財政部，或其他二十國集團(G20)的監管單位，都把瑞波幣視為貨幣，沒有任何一個其它國家把瑞波幣歸類為證券，因此瑞波幣屬於貨幣，當然不需要向證券交易委員會註冊。這裡又有趣了，如果瑞波幣不是證券，那就是貨幣，**寫個程式就無中生有發行了 1,000 億枚瑞波幣換成現金，這和印假鈔有什麼差別？印假鈔還需要印刷機，這個連印刷機都省了，我常開玩笑說，這叫「無本金融」。**

明眼人一看就知道，這和企業印股票換鈔票的道理是一樣的，因此證券交易委員會認定瑞波幣是證券。問題是，企業印股票換鈔票，是要被證券主管機關監管的，因為只要牽涉到錢，就一定會有人想出各種花招來「圈」。大家看看上市櫃公司要經過證券交易所那麼嚴格的審查，還是會發生康友、樂聲這種騙局，造成一堆投資人受害，加密貨幣如果不監管，後果如何可想而知。

● 為什麼證券交易委員會不認為比特幣或乙太幣是證券？

比特幣或乙太幣是用礦工獎勵金鼓勵大家買電腦，浪費電進行採礦運算來確保區塊鏈（存摺鏈）不可竄改，因此產生的比特幣或乙太幣是先由礦工取得，再由礦工拿到加密貨幣交易所換成現金。這個行為和瑞波幣直接發行不同，也和一般企業發行證券不同，因此證券交易委員會認為比特幣或乙太幣不是證券。事實上就算不是證券而是貨幣，那也是地下金融用來炒作和洗錢的工具，因此金融監管機關也應該制定相關的法規加以限制，才能維護金融市場的健全與穩定。

7-4
比美元還好用的美元：穩定幣（Stable coin）

使用比特幣或瑞波幣進行任何地下金融交易，都會面臨一個問題：幣值暴漲暴跌，很不穩定。當我把現金換成加密貨幣洗錢時，幣價如果波動太大，不就是額外的損失嗎？有沒有什麼方法可以方便洗錢，幣價又不會波動？「穩定幣（Stable coin）」應運而生！

●穩定幣的種類

幣值錨定特定一種或數種法定貨幣的加密貨幣稱為「穩定幣」，的確可以解決加密貨幣暴漲暴跌的問題，讓投資人將加密貨幣換成穩定幣來獲利了結與避險。穩定幣主要有四種〔5〕：

- 法定貨幣等值儲備：發行者中心化發行穩定幣，同時擔保有等值1：1的法定貨幣儲備，是目前主要的方法，例如：Tether公司發行的USDT幣、Coinbase交易所發行的USDC幣、幣安（Binance）交易所發行的BUSD幣等。
- 貴重資產等值儲備：發行者中心化發行穩定幣，同時擔保有接近1：1的貴重資產儲備，可以使用黃金或其他貴重資產，例如：新加坡DigixGlobal公司經由乙太坊智能合約所發行的DGX幣。
- 加密貨幣超額儲備：發行者中心化發行穩定幣，同時擔保有超過1：1的加密貨幣儲備，由於加密貨幣價格波動大，必須超額儲備才能確保價格大跌時支撐穩定幣的價值，例如：Maker基金會經由乙太坊智能合約所發行的DAI幣。

➡ 智能合約控制數量：以智能合約演算法發行穩定幣，在市場價格低於錨定價格時，將一定比例的穩定幣回收或銷毀，減少市場供給，促使市場價格回升；當市場價格高於錨定價格時，智能合約發行一定數量的穩定幣，擴大市場供給，促使市場價格降低。演算法型穩定幣的優勢在於獨立性，不受抵押資產價值影響，例如：Basis、Nubits、uFragments、Reserve、AmpleForth、UST幣。

● 瑞波幣之後又一個偽金融創新：穩定幣！

我們以目前全球排名第四的加密貨幣，市值高達700億美元，由Tether公司發行的穩定幣USDT為例，發行者以法定貨幣儲備，而且「聲明」會保有等值1：1的法定貨幣儲備，意思是我發行穩定幣換來的美元都會存在銀行裡，不會偷偷拿去花掉。問題是，誰來保證？

這種做法難保不會有球員兼裁判的嫌疑，例如Tether公司就一直遭到質疑沒有100%的儲備金，甚至在2021年，其姐妹公司Bitfinex交易所就遭到控訴非法挪用Tether資金〔5〕，幾百億白花花的銀子儲備在銀行裡，印章存摺在發行者手上，真的會不動心？

更重要的是，架一台交易伺服器就可以做到的事，算什麼金融創新？還有人說它「完全數位化、去中心化，可在任何時間地點，用來支付全世界任何對象，可說是比美元還好用的美元」。這個當然好用，只要用手機應用程式就可以匯款，用任何加密貨幣都可以交換，當然也和瑞波幣一樣，跨國支付結算只要幾秒鐘。更重要的是，炒作洗錢都不留紀錄，果然是比美元還好用的美元呀！這到底是「金融創新」，還是「金融詐騙」？

● 用專有名詞包裝唬弄監管機關的金融把戲

瑞波幣、穩定幣說穿了就是有家公司寫個程式，就無中生有發行了幾百億枚所謂的「加密貨幣」，等值幾百億美元。印假鈔還需要印刷機，這個連印刷機都省了，所以我開玩笑說這叫「無本金融」。

更重要的是，印假鈔是違法的可以抓，發行「瑞波幣」或「穩定幣」無法可管，所以主管機關還拿它沒辦法。因為它發行的不是美元、不是法幣，意義上只能被稱為「代幣」；再回去看看金融法規，還真的找不到他們「違法印製代幣」的法條，最後只能睜一隻眼閉一隻眼讓他們繼續玩下去，不然就只能修法堵住這個漏洞。

也難怪從USDT幣崛起以來，已經出現超過200種穩定幣。原來印假鈔這麼容易，連印刷機都省了，才出現200種，算是客氣的了！大家有沒有開始覺得不必努力工作賺錢，發行穩定幣不就好了？這種風氣如果任其繼續下去，有一天父母們會看到自己的孩子在家遊手好閒發幣圈錢，還反過來嘲笑父母每天工作辛苦賺錢養家是愚蠢行為。

● 利用智能合約發行加密貨幣，大部分都不算去中心化！

值得注意的是，穩定幣產生的方法並不算「去中心化」。許多人誤以為使用乙太坊或其他公有鏈的智能合約，就滿足去中心化的條件，然而事實上，乙太坊只是利用區塊鏈確保智能合約「不可竄改」而已，但是穩定幣都經由單一組織或企業發行控制，並不具備區塊鏈「去中心化」的特性。這個和比特幣或乙太幣使用區塊鏈技術，利用電腦演算法產生給分散在全球的礦工，而且沒有單一組織或企業控制是不一樣的。

現有加密貨幣超過 20,000 種，其中一大部分都是利用乙太坊智能合約發行，經由單一組織或企業控制，這些都不算是去中心化的，因此把穩定幣或加密貨幣說成是「去中心化」所以多麼有價值，只是用來唬外行人的手法而已！

如果這種經由單一組織或企業發行、控制的加密貨幣也能稱為「去中心化」，那美元也是「去中心化」的，因為美元「分散」在全世界各地交易，任何人都可以使用美元購買東西，不必經由美國聯邦儲備銀行，因此也是「去中心化（Decentralized）」的「分散式金融（DeFi）」。聽到我這麼說，大家有沒有覺得我是個騙子？

因為所有的美鈔都是經由美國政府發行的，所以美元必定是「中心化」的，那這些經由單一組織或企業發行、控制的穩定幣，為什麼算是「去中心化」？如果我說美元去中心化就是騙子，那說穩定幣去中心化的人不是和我一樣？

7-5
風光登場無疾而終：天秤幣（Libra）

臉書 2019 年公布「天秤幣」白皮書，將在 2020 年上線服務，立刻引起金融市場震撼，不只許多跨國企業爭先恐後加入，各國央行更是大驚失色，多位美國國會議員要求臉書暫停計畫，金融服務委員會主席甚至提到：美國不能讓天秤幣與美元競爭[6]。到底天秤幣與之前的比特幣、乙太幣所使用的區塊鏈有什麼不同？為什麼讓科技業爭先恐後加入？又讓各國央行大驚失色？

●臉書發行天秤幣，引起金融市場震撼

天秤幣規畫「天秤區塊鏈（Libra Blockchain）」與「Move智能合約語言」，由總部設於瑞士的獨立非營利組織天秤協會營運，初期由臉書的子公司Calibra與Visa、Mastercard、PayPal、Uber、Airbnb、eBay等 28 家企業參與，最低投資金額 1,000 萬美元成為「驗證者節點（Validator node）」，2020 年計畫增加到 100 個驗證者節點，接近部分去中心化（多中心化）的「聯盟鏈」，不必採礦，使用「實用拜占庭容錯（PBFT）」演算法，效率較高。雖然有人覺得，它的資料結構和一般比特幣、乙太幣的區塊鏈不同，不過這反而是它比較可行的原因，使得取代傳統貨幣流通成為可能。

使用者必須以法定貨幣（例如：美金）取得天秤幣，因此天秤幣只能算是一種「代幣（Token）」，算不上是貨幣，而且天秤幣的幣值綁定美元、歐元、日元等貨幣，幣值幾乎不漲不跌，沒有炒作與匯兌風險。既然如此，為何各國央行大驚失色？主要還是因為，貨幣最重要的價值就是「流通」，一

且讓天秤幣流通起來，反客為主，使用者接受它，未來是不是還要用法定貨幣取得天秤幣，就不一定了！

●臉書天秤幣因為「會成功」所以「會失敗」

比特幣、乙太幣這類加密貨幣，礦工收入呈等比級數減少，再加上交易速度緩慢、幣值暴漲暴跌，無法取代傳統貨幣；而天秤幣由於其運作方式，取代傳統貨幣的可能性高，全球 24 億的使用者可以跨國流通，再加上許多網路上擁有經濟權益的跨國企業參與，造成它可能取代美元、歐元這類強勢貨幣的地位，這讓各國央行大驚失色。因此，各國政府對於天秤幣的監管與阻撓力道一定會增加，天秤幣一定會被限縮範圍與用途，甚至有可能無疾而終。果然，後來許多公司紛紛主動退出，所以我說：臉書天秤幣因為「會成功」所以「會失敗」。

問題是：臉書為什麼不用一台伺服器（中心化）發行「臉書幣」？卻要拐彎抹角成立什麼天秤聯盟，發行「天秤幣」？理由很簡單，因為臉書這個老大雖然很想當老大，但是他不夠資格，大家想想VISA、Mastercard、PayPal，哪一家在金融業地位比臉書低？如果臉書用一台伺服器發行臉書幣，誰會買單？**正因為「大家都想當老大」，只有成立天秤聯盟發行天秤幣，使用「天秤區塊鏈」，才能把所有電子商務相關的大型企業都拉進來玩這一局。每家公司都可以是一個節點，大家「地位平等做生意」，才能說服這些公司接受天秤幣，使得天秤幣流通，這個商業模式才能成功**。而且「科技創新」是一個很好的行銷話題，這樣才能說服眾人，不是嗎？

● 臉書幣Diem確定夢碎！將出售資產並宣布解散

2019年由臉書推動的天秤幣計畫曾經轟動一時，卻受到美國聯邦監管機關處處刁難，後來改名為Diem計畫，但是仍然無法說服監管機關，最後不得已在2022年初正式宣布解散Diem協會及其子公司，並且會把專利技術與網路服務等資產出售給另一間擅長「金融科技」的加密貨幣「小型公司」Silvergate〔7〕。

重點在於，為什麼掛牌上市的大型公司臉書不能做天秤幣，但是也有掛牌的小型公司Silvergate就可以？顯然是因為臉書這種跨國大企業來做天秤幣，會威脅美元的霸權，而Silvergate這種小公司不會，於是監管機關就睜一隻眼閉一隻眼，讓它繼續玩下去。

第 8 章

加密貨幣專有名詞大解密

加密貨幣創造了許多唬人的專有名詞，例如：首次代幣發行(ICO)、證券代幣發行(STO)、分散式應用程式(DApp)、去中心化自治組織(DAO)、遊戲化金融(GameFi)、社交化金融(SocialFi)、分散式金融(DeFi)、網路 3.0(Web 3.0)，創造專有名詞之神速，真是精采絕倫。這一場比百年鑽石行銷騙局更精采的把戲，到底是什麼呢？

8-1
什麼是首次代幣發行（ICO）？

特斯拉的執行長馬斯克（Elon Musk）曾經說「狗狗幣被低估」，引發狗狗幣狂漲[1]，有網友建議可以發展名為「伊隆幣（ElonCoin）」或「火星幣（MarsCoin）」的加密貨幣，馬斯克在推特上回應：「絕對會有火星幣！（There will definitely be a MarsCoin）」，那麼要如何發行一個加密貨幣？如何設計它的功能？如何讓大家接受它？如何炒作加密貨幣致富？

● 什麼是首次代幣發行（ICO）？

- 首次公開發行(IPO：Initial Public Offering)：經由證券交易所，新創公司首次將它的股票（Stock）賣給投資人來募集公司營運所需要的資金，私人公司經由這個過程轉化為上市公司。投資人以法定貨幣(例如：新臺幣或美金)來交換私人公司的股票，通俗地說，就是「印股票換鈔票」。
- 首次代幣發行(ICO：Initial Coin Offering)：經由區塊鏈平台，新創公司首次將它的代幣（Token）賣給投資人來募集公司營運所需要的資金，私人公司經由這個過程轉化為什麼？其實什麼也沒有，因為購買代幣並沒有取得公司的股權。投資人以其他加密貨幣(例如：比特幣或乙太幣)來交換公司幣，通俗地說，就是「以代幣換代幣」，沒有金錢交易，因此無法可管。
- 證券代幣發行(STO：Securities Token Offering)：經由區塊鏈平台，新創公司首次將它的代幣（Token）賣給投資人來募集公司營運所需要的資金，私人公司經由這個過程轉化為上市公司。由於具有金融監管機關的監管，投資人購買代幣就取得公司的股權，可能是以「特別股」的方式持有，要看各國金融監管機關的規定。

當我們了解區塊鏈的原理，就會發現「證券代幣發行(STO)」如果使用公有鏈，那就有利於跨國交易，但是容易洗錢，監管困難；如果使用聯盟鏈或私有鏈，其實和現在的證券電子化集中保管一樣，根本多此一舉，和傳統的首次公開發行(IPO)是相同的，那麼用區塊鏈的意義是什麼？

值得注意的是，如果新創公司用「首次代幣發行(ICO)」以公司幣直接交換法定貨幣，那就是違法吸金會被抓，因此**投資人必須先用現金到加密貨幣交易所換成比特幣或乙太幣，再用比特幣或乙太幣交換公司幣，等於是「以物易物」，這樣可以巧妙地避開金融監理法規**，這就是他們聰明的地方。

●什麼是加密貨幣白皮書(White paper)？

公司股票上市要先寫「公開說明書」，向投資人說明公司在做什麼，再經由證券交易所嚴格審查通過後掛牌上市；加密貨幣上市也要先寫「白皮書(White paper)」，讓投資人了解公司在做什麼，再經由「私人的」加密貨幣交易所掛牌上市，問題是私人的交易所會「嚴格審查」嗎？在臺灣的加密貨幣交易所掛牌費幾百萬台幣，在美國的加密貨幣交易所掛牌費幾百萬美金，掛牌的幣愈多，交易所賺得愈多，哪個交易所會像證券交易所一樣用心替投資人審查？一般來說，加密貨幣的白皮書內容包括：

1. 貨幣名稱：首先要給加密貨幣取個響亮的名字，因為這是「馬思客的加密貨幣」，因此就叫「馬的幣（Mars'coin）」吧！
2. 團隊背景：說明公司或個人的背景介紹，如果是公司就介紹團隊成員，一定要找大咖的人物來掛名站台，當然以馬思客的名氣，自己站台就夠了！
3. 項目概念：說明公司或個人發行加密貨幣要做什麼用途，要把所有目前可能的商業模式都寫進去，最好有合作廠商背書，包括哪些合作對象會接受馬的幣。貨幣的重點在流通，因此加密貨幣的用途愈多，流通愈廣，價值愈高，這樣才能說服大家投資。
4. 運作方式：如果創造全新的加密貨幣需要礦工，必須考慮公司或個人是否有能力號召礦工加入採礦工作；如果公司資源有限，無法號召足夠的礦工，可以考慮直接使用「乙太坊區塊鏈平台」標準規格乙太坊開發者意見-20（ERC-20）標準實作「智能合約（Smart contract）」，利用乙太坊的礦工執行記帳工作。
5. 未來發展：說明公司或個人發行加密貨幣未來有那些發展，要把所有未來可能的商業模式都寫進去，股票的價格看未來，加密貨幣的價格也看未來，總之最好讓大家相信馬的幣未來可以取代黃金保值，可以取代美金交易，可以跨國匯兌免手續費等。

●馬的幣即將上市：萬眾矚目白皮書搶先大公開

1. 貨幣名稱：馬的幣(Mars'coin)。
2. 團隊背景：由馬思客個人發起。
3. 項目概念：由於特思啦公司在世界各國的營業據點極多，每個國家都使用不同的貨幣可能造成匯兌損失，再加上跨國匯兌時間長、成本高，因此發行馬的幣，手機安裝應用程式(App)就可以使用，「跨國匯兌」只需要10秒鐘並且免手續費，還可以用來購買特思啦電動車，支付線上升級費用、車上服務軟體費用等。
4. 運作方式：由創辦人號召全球網路愛好者共同參與建立全新的區塊鏈，稱為「馬的鏈(Mars' blockchain)」，為確保區塊鏈演算法穩定性與安全性，直接沿用目前廣為使用者接受的比特幣區塊鏈，並且改良區塊大小為16MB，每分鐘採出一個區塊，因此每秒鐘可以完成超過1,000筆交易，增加交易速度可以加速流通，成為實用的加密貨幣。

   (以馬思客的知名度，如果要發幣，我相信立刻可以號召數千名礦工採礦，因此就算發了幣，最後幣都被礦工挖走，自己也賺的不多，因此比較可行的方式還是學習瑞波幣(XRP)直接發行1,000億枚，不直接在整個網路中流通，而是透過緩慢的發行。因為一下子往市場全部倒出去，幣值會崩盤，所以就「緩慢的倒」，把它換成現金吧！如果馬的幣能夠漲到2美元，那等於憑空創造了2,000億美金，真的比做電動車還賺吧！)
5. 未來發展：由創辦人出面與全球知名企業洽談合作，未來大家可以使用馬的幣線上購物、實體購物，甚至可以支付思倍思X公司未來的移民火星費用。另外，由於火星上的重力與地球不同，使用紙鈔與硬幣非常不便，因此在火星上直接以手機安裝應用程式（App）使用馬的幣支付交易，方便又快速，而且馬的幣未來將支援「跨星匯兌」，由火星匯款到地球，平均只需要大約 12.5 分鐘。

科普一下

火星與地球之間使用電磁波通訊，電磁波以光速傳播，火星與地球最遠的距離大約4億公里，光速傳送需要22分鐘；最近距離大約6,000萬公里，光速傳送需要 3 分鐘，所以平均時間為 12.5 分鐘。

●哦！差點忘記最重要的了！

白皮書的最後面一定要有「免責聲明（Disclaimer）」：本白皮書並非提供您是否購買任何馬的幣的建議，亦非您進行任何契約或購買行為的參考文件，且不構成任何買賣行為之要約，亦不構成任何形式的合約或承諾。本白皮書中任一部分皆不應構成或被視為對未來所作之任何承諾或聲明，任何人按照本白皮書行動而因此產生或有相關的任何損失或損害時，不論其是否係屬疏忽、默認或注意不足，我們不會對該等損失或損害賠償負任何責任。**不管未來發生什麼事，當然一定要先把責任推得乾乾淨淨囉！**

8-2
什麼是分散式應用程式（DApp）？

「去中心化（Decentralized）」與「分散式（Distributed）」都是指沒有中心化的控制方式，也是區塊鏈所強調的特色，有別於傳統網路中心化的雲端資料中心。雖然去除中心化的控制帶來了某些優點，同時也產生了缺點，到底哪一種方式比較好呢？

● 分散式應用程式（DApp）如何運作？

傳統的網路系統分為「前端（Frontend）」與「後端（Backend）」，前端的「應用程式（App：Application Program）」可以在使用者的電腦瀏覽器或智慧型手機上執行；而後端的資料庫則是在雲端資料中心來執行，使用者經由電腦瀏覽器或手機應用程式連結雲端資料中心，運算後再將結果傳回使用者，因為雲端資料中心由某一家企業掌控，因此是屬於「中心化（Centralized）」的架構，如圖 8-1(a) 所示，企業可以任意修改雲端資料中心伺服器，使用者無法控制只能接受。

如果將中心化的雲端資料中心，改為分散在全球所有礦工電腦裡的「區塊鏈（Blockchain）」與「智能合約（Smart contract）」，那使用者的電腦瀏覽器或智慧型手機上執行的應用程式（App）就稱為「分散式應用程式（DApp：Decentralized Application Program）」，如圖 8-1(b) 所示。和中心化的雲端資料中心最大的差別在於，區塊鏈與智能合約由所有的礦工協同運作，因此是屬於「去中心化」的架構，智能合約可以確保資料寫入之後無法竄改，因此沒有單一企業任意修改雲端資料中心伺服器的問題。

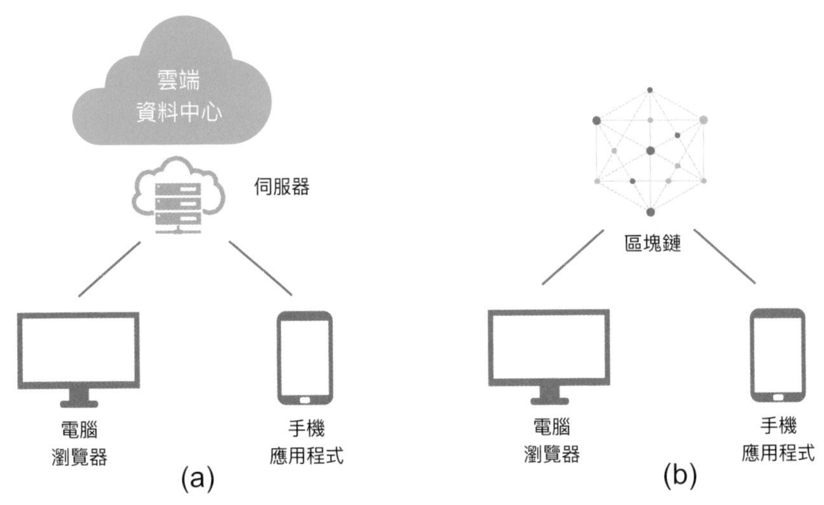

圖 8-1　應用程式（App）與分散式應用程式（DApp）概念示意圖。(a) 中心化的雲端資料中心；(b) 去中心化的區塊鏈與智能合約取代資料中心。

● 分散式應用程式（DApp）的優缺點

分散式應用程式（DApp）的優點包括：開放程式碼，任何人都可以查閱審核，避免項目方說到沒做到，而且使用「公有鏈」或「真聯盟鏈」可以確保資料無法竄改，資料屬於持有私有金鑰的使用者，其他人皆無法動用這個帳號的資料；缺點包括：使用公有鏈必須支付礦工額外的手續費，區塊鏈的資料結構比中心化的單一伺服器複雜，限制了應用的自由度。

值得注意的是，這裡的區塊鏈必須使用「公有鏈」或「真聯盟鏈」才能確保去中心化與不可竄改，如果使用「假聯盟鏈」或「私有鏈」，那和使用中心化的雲端資料中心是一樣的，只是用專有名詞唬外行人而已。

●什麼是去中心化自治組織（DAO）？

傳統企業是使用「中心化（Centralized）」的運作方式，所以工作都是領導人發號施令，由上到下執行辦理，而基於區塊鏈所發展出來的組織架構，沒有中心化的領導人，將組織規則寫入區塊鏈的程式碼中，由伺服器配合智能合約執行，並且由組織的成員共同治理，在決定組織發展方向時是以投票的方式決定，稱為「去中心化自治組織（DAO：Decentralized Autonomous Organization）」，例如：乙太坊的運作方式。

根據以上描述，乍看之下，去中心化自治組織（DAO）有別於傳統的公司組織架構，事實上傳統的公司是由董事會治理，董事成員依照股東持股比例選舉產生，所有的決議在董事會裡投票決定，和去中心化自治組織（DAO）所描述的方法根本就大同小異，只是沒有用到什麼區塊鏈技術而已。由此可見，喊出這個專有名詞不過是唬外行人的炒作把戲，並沒有太大的創新。

8-3
什麼是分散式金融（DeFi）？

「去中心化（Decentralized）」與「分散式（Distributed）」都是指沒有中心化的控制方式，也是區塊鏈所強調的特色，有別於傳統金融中心化的金融監管。雖然去除中心化的控制帶來了某些便利，同時也讓洗錢詐騙橫行，到底哪一種方式比較好呢？

● 什麼是遊戲化金融（GameFi）？

傳統線上遊戲是由遊戲公司主導，在平台上有「點數」和「寶物」，必須在平台內交易。如果結合區塊鏈技術，點數可以轉化成「同質化代幣（FT）」，而寶物可以轉化成「非同質化代幣（NFT）」，這樣就可以經由公有鏈的運作機制轉移給不同的買家，讓使用者能夠跨平台交易，不必被限制在遊戲公司主導的平台上交易，也就是結合線上遊戲與虛擬金融，稱為「遊戲化金融（GameFi）」。

● 遊戲化金融（GameFi）的優缺點

遊戲化金融（GameFi）的優點包括：讓點數轉化成加密貨幣，可以讓流通性更高，提升點數的價值，甚至可以利用加密貨幣與其他商業模式結合，進行線上與線下的行銷活動，點數轉化成「同質化代幣（FT）」方便匿名洗錢，寶物轉化成「非同質化代幣（NFT）」可以吸引炒手抬高拍賣價格；缺點包括：由於加密貨幣導入，使用者一味追求炒作獲利，反而對遊戲內容毫不在意。線上遊戲的重點應該是內容而非炒作獲利，2022 年 7 月，為確保Minecraft玩家有安全和公平的體驗，平台決定不允許將區塊鏈技術加入到用戶端和伺服器中，也不允許將遊戲的內容用於區塊鏈技術創造稀少的數位資產，就是為了避免投機定價和投資心態讓玩家的注意力從玩遊戲轉移到如何賺取暴利〔2〕。

●什麼是社交化金融（SocialFi）？

2022 年 4 月，特斯拉創辦人馬斯克提議以 440 億美元的價格收購社群平台推特（Twitter），而他宣稱收購推特的初衷，就是要「捍衛言論自由」。由於Web 2.0 成為網路世界的主流以來，民眾對社交平台的依賴度與日俱增，也促成了新的商業模式出現，例如：廣告投放、網紅經濟等，相對的社會問題接踵而至，例如：個資保護、網路霸凌、資訊審核等，而社群平台處理這些問題的過程和方法日漸嚴格，甚至還出現了許多爭議。

最著名的例子是推特的「內容審查」，在 2021 年美國總統大選期間，因為推特認為總統候選人川普的貼文有「煽動」民眾的嫌疑，所以永久停用川普的帳號，這個舉動引來許多支持者不滿，認為推特的內容審查已經凌駕在言論自由之上了！可見部分網路使用者對於社群平台的控制與壟斷無法接受，這時區塊鏈去中心化、無人監管的特性似乎是一種解決方案，將社交發言與加密貨幣結合，讓用戶可以透過社群平台來和別人互動，並且從中獲得加密貨幣獎勵，稱為「社交化金融（SocialFi）」。

● 社交化金融（SocialFi）的優缺點

社交化金融（SocialFi）的優點包括：去中心化、無人監管，可以充分保持言論自由，使用者不會被傳統社群平台控制，不會被迫看廣告和贊助內容，可以獲得應有的分潤；缺點包括：無人監管代表任何人都可以隨時發布任何假新聞，假新聞流傳無法可管，區塊鏈的機密特性造成無法追查假新聞背後的藏鏡人。

● 什麼是分散式金融（DeFi）？

2018 年 8 月，Dharma Labs創辦人佛斯特（Brendan Forster）發表了一篇文章，名為〈分散式金融：一種分散式金融社群平台（Announcing DeFi: A Community for Decentralized Finance Platforms）〉，首次使用「分散式金融（DeFi：Decentralized Finance）」這個專有名詞，提倡分散式金融社群平台必須針對金融領域包含區塊鏈技術，同時開放原始程式碼與開發者平台等。最近各種加密貨幣水漲船高，區塊鏈在金融領域愈玩愈大，玩久了也會沒力，所以一定得再花腦筋創造新名詞。

說穿了其實這些做法就是想告訴大家「集中式金融（CeFi：Centralized Finance）」很差，或許因為金融監管機關管太多，所以還是「分散式金融（DeFi）」沒人管比較好，接下來當然是繼續創造科技名詞，這樣才能愈玩愈大，等到玩幾年都沒人說話，成為「既成事實」，就能像瑞波幣執行長辯稱的那樣：證券交易委員會（SEC）已經允許瑞波幣以貨幣形式運作了 8 年，沒有提前告訴大家瑞波幣是一種證券，就代表我是合法的，可以繼續玩下去。

事實上，只要牽涉到金融，就必須「集中式（CeFi）」，沒有所謂的「分散式（DeFi）」，講分散式的目的不外乎就是不想被監管。但是只要牽涉到錢，就一定會有人想出各種花招來「圈」。證券交易法規如此嚴格，還是常常發生內線交易，如果搞什麼分散式沒人監管，炒作過頭，難保未來不會釀成金融事件。

8-4
什麼是網路 3.0(Web 3.0)?

網路 3.0(Web 3.0)是個熱門的關鍵字，炒作比特幣和狗狗幣的馬斯克卻說只是「行銷噱頭」，炒作非同質化代幣(NFT)的推特創辦人杜錫也抨擊那是「屬於資本家的」。前Coinbase技術長跳出來反對杜錫，聲稱推特在企業與政治力的干預下走向打壓特定聲音、監管的末路，Web 3.0 給予了一種可能性，而不是保證[3]。為什麼支持加密貨幣的馬斯克和杜錫反對這項「創新」技術?而前Coinbase技術長卻支持到底呢?

● 網路 3.0(Web 3.0)的定義

英國電腦科學家柏納斯－李(Tim Berners-Lee)，也是「全球資訊網(WWW：Would Wide Web)」的發明者，利用「超文字轉換傳輸協定(HTTP：Hyper Text Transfer Protocol)」讓用戶端電腦與雲端伺服器通訊。

其實早在 20 年前，他就提出「網路 3.0(Web 3.0)」的概念，稱為「語意網(Semantic web)」，意思是一個完全去中心化的網路，任何人不需要中央機構的許可，就可以在網路上發布任何內容，不需要任何審查，由電腦模擬人類的方式，類似今天我們所說的人工智慧來處理所有資料，可以依據上下文，在概念上進行連接和理解。

➡ 網路 1.0(Web 1.0)：可以視為「唯讀網路(Read only web)」，使用各種通訊協定，由雲端伺服器「中心化」管理提供內容給用戶端電腦，而使用者只能提供少量資料給伺服器，有點類似我們早期連結到網站閱讀文章，例如：Yahoo 搜尋引擎，使用者很少上傳資料，此時雲端伺服器大約 10 萬台，用戶端電腦大約 5,000 萬台，如圖 8-2(a) 所示。

- 網路 2.0(Web 2.0)：可以視為「讀寫網路(Read write web)」，使用各種通訊協定，由雲端伺服器「中心化」管理提供內容給用戶端電腦，而使用者可以提供較多資料給伺服器，有點類似我們後來使用的社群網站，例如：推特、臉書等，使用者大量上傳資料，所有言論受到網站的監管，此時雲端伺服器大約 1 億台，用戶端電腦大約 10 億台，如圖 8-2(b) 所示。
- 網路 3.0(Web 3.0)：可以視為「讀寫網路(Read write web)」，使用各種通訊協定，由雲端伺服器使用「去中心化」的人工智慧自

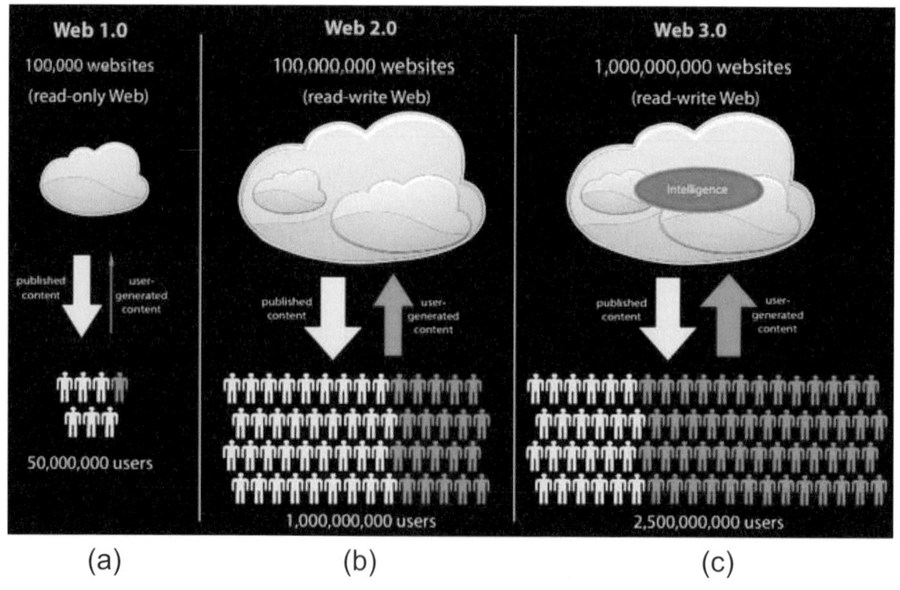

圖 8-2　網路 1.0、2.0、3.0 的定義概念圖。(a) 網路 1.0(Web 1.0)；(b) 網路 2.0(Web 2.0)；(c) 網路 3.0(Web 3.0)。資料來源：Research Hubs。

行提供內容給用戶端電腦，而使用者可以提供更多資料給伺服器，所有言論不受任何監管，同時伺服器具有人工智慧可以處理所有資料，可以依據上下文，在概念上進行連接和理解，所以稱為「語意網（Semantic web）」。此時雲端伺服器大約10億台，用戶端電腦大約25億台，如圖8-2(c)所示。

正是因為當年柏納斯－李在提出Web 3.0時談到「去中心化」，因此現在被用來連結到加密貨幣（Cryptocurrency）、非同質化代幣（NFT）、分散式應用程式（DApp）、分散式金融（DeFi）等話題冷飯熱炒，甚至加油添醋改成新名詞「Web3」，但是骨子裡和Web 3.0其實是一樣的東西。

● Web 3.0宣稱的去中心化就是個唬人的口號而已！

乙太坊的共同創辦人在訪談中如此描述Web 3.0包含的特徵[4]：

- 可驗證性（Verifiable）：區塊鏈上傳的資料可以驗證，所謂的驗證主要是使用公開金鑰加密技術，確認使用者「真的有」而且「不可否認有」上傳資料。所以這樣的資料就可以信任？
- 去信任化（Trustless）：基本上就要是大家不要信任監管機構，因為信任本質上是一件壞事，代表你會把某種權力授予其他人或某個組織。所以要我們相信網路上滿天亂飛的謠言？
- 不經許可（Permissionless）：區塊鏈讓任何人都能上傳資料，從集中化的權威轉向更加理性的自由模型，這也是保護自由世界的唯一方式。所以任何人都可以自由的散布謠言？

上面的說法頭頭是道，但是卻漏洞百出，因為**區塊鏈的驗證技術大部分是匿名的，而且大部分的驗證只是確認使用者「真的有」而且「不可否認有」上傳資料，並不代表「內容正確可以信任」**。只是因為這個過程被稱為「驗證(Certificate)」，因此被炒作成區塊鏈的資料「被驗證過可以信任」。這種誤解來自於大家對「加密技術(Cryptography)」的不了解，也在於炒作者刻意誤導，別有用心。

上述這篇訪談還叫大家不要信任監管機構，難道要大家信任匿名、不知道是否正確、任何人都能上傳的資料嗎？這的確很自由，但這不正是假新聞散布的「自由」管道？

整個訪談內容惶惶然不知所云，只是不停反覆去中心化、自由模型、保護自由這些口號，就和反清復明一樣，一堆似是而非的說法。我們回頭再想想，為什麼世界各國不用「去中心化」的方法來治理？卻要有一堆法律來規範大家？例如：證券市場為什麼要有一堆證券法規來監管？為什麼不去中心化，放任大家愛怎麼炒作股票都行？

此外，大部分區塊鏈技術都會用到「雜湊演算法(Hash algorithm)」，而只要用了這個演算法做出來的去中心化資料庫，就不可能儲存大量資料。想想臉書的資料中心有多少資料要儲存？怎麼可能去中心化？最後只能掛羊頭賣狗肉，把少量資料去中心化儲存在區塊鏈裡，然後炒作成「我有用區塊鏈技術所以很創新」，其餘大部分資料還是中心化儲存的，結果Web 3.0 宣稱的去中心化就是個唬人的口號而已！

● Web 3.0 爭論，意外釣出一堆「生意人」

馬斯克炒作比特幣和狗狗幣只是想圈錢而已，Web 3.0 沒有帶給他明確的好處，為什麼要支持？更何況，一位知名的企業家，炒作一個東西過了頭，總會讓人看破手腳；杜錫創辦的推特正是他們口中的Web 2.0，要被Web 3.0 取代掉，這他能支持嗎？當然要反對到底。至於Coinbase是全球前三大的加密貨幣交易所，當然要炒作新名詞Web 3.0 維持熱度，讓加密貨幣持續上漲，這樣手上的加密貨幣才能多圈一些錢呀！ Web 3.0 的爭論，意外釣出一堆「生意人」，每個人都打著對自己有利的如意算盤。

總而言之，網路上這些吹捧加密貨幣的專業人士大概就分成兩類：一類是本身持有大量加密貨幣的人，另一類是本身在經營或投資加密貨幣或區塊鏈事業的人。他們給大家洗腦，不外乎就是上線拉下線想圈錢，或用專有名詞唬外行人炒股做生意而已。至於「穩定幣」這種中心化的東西都可以說成去中心化來炒作，或許是刻意誤導別有用心，或許是被別人誤導無意間散布了假新聞，這就不得而知了！

● 當每個人都有完全的自由，實際上是最不自由的

有個朋友跟我講了一段寓意深遠的話〔5〕：**當每個人都有完全的自由，實際上是最不自由的**。你以為你可以隨心所欲了，但是真正隨心所欲的只是少數人，在「去中心化」的口號下，他們愛怎麼做都行。如同著名的「劍橋分析事件」，讓川普從不被看好到打贏選戰。總統是由人民的自由意志選出來的嗎？不，人民沒有意志，人民的意志可以用大量的假訊息來塑造。

很多人誤以為「自由」等於「平權」，因此對絕對的自由感到期待。

事實上剛好相反，**當失去了約束，拳頭大的人就有絕對的權力，拳頭小的人完全被欺壓，絕對的自由就是絕對的欺壓**，而在加密貨幣的世界裡，只有少數人拳頭大，偷拐搶騙都沒人管。

在加密貨幣世界裡的少數人，就是早期持有大量「低成本」加密貨幣的人，在去中心化的口號下，他們可以不受監管地砸下大量「當年不值錢，現在貴森森」的加密貨幣去競標非同質化代幣（NFT），再用「美元計價」經由媒體炒作擴大聲勢，創造出「一個NFT幾千萬美元」的假象，去洗大家的腦，讓人們相信加密貨幣與NFT很有價值。

大家現在打開媒體，看到的都是：NFT市值飆至409億美元直逼傳統藝術品、英國佳士得拍賣以6,900萬美元售出一項數位藝術品讓NFT從低調的角落躍上主流版面、大眾對經由區塊鏈技術認證的虛擬物品胃口有多大、凸顯了人們對NFT的興趣激增等內容。

而加密貨幣因為去中心化所以很有價值的假象，正是因為有人被洗腦之後拿著手上的現金和他們交換所造成的。隨著這一場場狗狗幣創辦人帕爾默（Jackson Palmer）口中「邪教般的老鼠會」擴散開來[6]，讓加密貨幣價格愈炒愈高，結果NFT轉換成美元就更值錢，接著就更容易去洗大家的腦，就像我們寫程式的無窮迴圈一樣。

8-5
比百年鑽石行銷騙局更精采的把戲：加密貨幣！

談到鑽石，大家不免想起那句朗朗上口的台詞：「鑽石恆久遠，一顆永流傳（A Diamond is Forever）」。這堪稱是人類有史以來最成功的行銷騙局，騙了全世界超過 130 年，一直到現在還沒泡沫，到底靠的是什麼呢？

● 最精采的行銷：騙了全世界百年的鑽石騙局

長久以來，鑽石代表了尊貴的身分與財富的象徵，主要因為鑽石燦爛美麗的外觀以及產量有限的稀缺性。十九世紀後期，南非發現了一座超大鑽石礦，但是如果把這些鑽石全部倒進市場，那鑽石就不值錢了，因此鑽石公司買下了整座鑽石礦，同時控制鑽石的出貨量，掌控 90% 的交易，才能維持鑽石的價格。

但是如果有人買了鑽石又出售，鑽石的價格還是會崩潰。該如何穩定鑽石的價格呢？聰明的商人把鑽石與愛情結合，花費了巨額的廣告費用，開始打造所謂的鑽石文化，因此產生了大家朗朗上口的「鑽石恆久遠，一顆永流傳」，堪稱是人類有史以來最成功的行銷騙局，騙了全世界 130 年還沒有泡沫化。你以為故事這樣就結束了？大錯特錯，還有更精采的呢！有興趣的人可以參考相關報導〔7〕。

● 比百年鑽石行銷騙局更精采的把戲：加密貨幣！

看完了鑽石行銷騙局，有沒有覺得似曾相識？就算鑽石是行銷騙局，至少我花錢買的是一顆閃亮亮的實體鑽石，送給老婆或女朋友，對方還會開心地笑一下，而且鑽石公司還得花錢真的去非洲採礦與廣告行銷；但是加密貨幣與非同質化代幣（NFT）是完全看不到的東西，只要寫個電腦程式就好了！

這些聰明的人創造一堆艱深難懂的區塊鏈專有名詞，包裝著金融科技的外衣炒作哄抬，不只唬了一堆投資人，還把金融監管機關耍得團團轉，而且用電腦執行採礦程式，也比鑽石公司真的去採礦便宜得多，還可以跟上潮流融入科技元素。有沒有發現他們的手法比鑽石公司高明得多？

●加密貨幣是破壞金融市場秩序的圈錢工具

加密貨幣不是什麼Web原生貨幣，只是少數人用來圈錢的工具。加密貨幣話語權提升，是因為它用一堆專有名詞包裝唬弄大家，讓許多人拿現金去抬轎，再加上有馬斯克、伍德這些企業家出來吹捧，還有需要洗錢的人支持。Data從有監管的圍牆花園，來到了更開放沒人管的公園，最後只是讓假新聞更容易散布而已。非同質化代幣（NFT）是可以取代傳統證明，但是在元宇宙裡不用NFT也可以做虛擬所有權證明，用了NFT，只是多了一個炒作的藉口罷了！

金融世界變成去中心化的「分散式金融（DeFi）」世界，這樣才能炒熱加密貨幣再漲一波，這倒是真的。「去中心化自治組織（DAO）」讓公司成立不受監管機構管理，才能讓詐騙集團更能有效運作，不是嗎？最後，當然未來的公司也不必「赴華爾街掛牌交易」了！直接發行加密貨幣上架交易所，不是更快？那就是2020年盛行的「首次代幣發行（ICO）」，最後證明只會造成一堆騙子橫行！

我常說比特幣的功能就是炒作和洗錢，但是千萬別誤會洗錢一定是怪客非法勒索，事實上，有許多是合法的商人。我有一位朋友在美國經商有成，最近年紀大了，想回臺灣定居，問我有沒有認識臺灣的建商願意接受比特幣買房子的？我說你就把錢匯回臺灣買房子就好，為什麼要用比特幣？他跟我說：把幾億新臺幣從美國匯回臺灣，會驚動美國和臺灣的國稅局，這個動靜太大了！原來比特幣還有這等妙用！

● 加密貨幣與分散式金融是科學問題，不是信仰問題

事實上，比特幣唯一的創新就是把原本由銀行替我們管理存摺的「中心化」，改變成由礦工替我們管理存摺的「去中心化」，其實浪費電、不環保又無意義，純粹就是少數人「圈錢」的工具。媒體報導還指出，歐洲能源危機加劇，隨著加密貨幣大漲，在科索沃挖礦收入高達電費的 14 倍，導致電力短缺，於是政府緊急禁止挖礦，以遏制電力浪費〔8〕。

但是這個「去中心化(Decentralized)」就成了整個故事的起源。當你問為什麼比特幣有價值？得到的答案總是：去中心化；當你再問為什麼去中心化就有價值？就會開始聽到一堆專有名詞給你洗腦，什麼區塊鏈(Blockchain)、穩定幣(Stable coin)、非同質化代幣(NFT)、工作量證明(PoW)、持有量證明(PoS)、分散式應用程式(DApp)、分散式金融(DeFi)、網路 3.0(Web 3.0)，讓你相信這是一種金融創新。**當你用技術原理一個個戳破這些「偽金融創新」，最後他們索性直接回答你：這是信仰問題。意思是信者恆信，這種回答一時之間還真的令人啞口無言！**

「信仰問題」意思是沒有所謂的對與錯，就看你信不信。在此我要強調，喜歡什麼顏色是信仰問題，信奉哪個宗教是信仰問題，但是區塊鏈、

穩定幣、NFT、PoW、PoS、DApp、DeFi，甚至Web 3.0都是技術問題。這些新技術到底對人類社會有沒有正面的效益？或者，只是少數人浪費電、破壞金融市場秩序的圈錢工具？這是科學問題，意思是有對有錯，而不是信仰問題，別想拿「信仰問題」就搪塞過去。

第 9 章

新型態龐氏騙局

用專有名詞唬外行人

金本位是一種貴金屬貨幣制度，於19世紀中期開始盛行，政府必須擁有多少黃金才能發行多少貨幣。隨後第一次世界大戰爆發，各國的經濟實力發生巨大變化，轉變為個別的貨幣管理制度，政府想印多少鈔票就印多少，這個時候我們必須重新思考：貨幣的本質到底是什麼？甚至近年來世界各國政府發明了「量化寬鬆(QE)」這個名詞，為什麼被經濟學家批評為「龐氏騙局(Ponzi scheme)」？

9-1 貨幣的本質到底是什麼？

馬斯克喊進比特幣，同時特斯拉宣布以 15 億美元買進後，造成比特幣價格水漲船高，連狗狗幣等其他加密貨幣也雞犬升天。相隔不過數月，馬斯克翻臉說比特幣浪費電、不環保，特斯拉決定不收[1]，造成所有加密貨幣崩跌。加密貨幣的價格波動，道理與當代貨幣政策相仿，純粹就是金融遊戲，大家騙來騙去而已！

● 我們應當先思考的三個問題

2020 年新冠肺炎席捲全球，對全世界造成巨大的傷害，有趣的是，全球股市卻因此屢創新高，美股道瓊指數站上 34,000 點，台股加權指數也超越 17,000 點。更有趣的是，在特斯拉執行長馬斯克的加持下，「比特幣（Bitcoin）」在短短五個月由 20,000 美元爆漲三倍來到超過 60,000 美元，連當初由帕爾默（Jackson Palmer）開玩笑創立的「狗狗幣（Dogecoin）」都由 0.007 美元暴漲 100 倍，來到超過 0.7 美元。許多人不禁要問：他們到底在玩什麼把戲？

在討論這個話題之前，請先思考三個簡單的問題：

一、股神巴菲特說：比特幣毫無價值，和貝殼沒有兩樣！你覺得他說的對嗎？

(A) 錯，他年紀大了，比特幣，這種高級貨，他當然不認識！

(B) 錯，一枚比特幣價值曾經超過 60,000 美元，怎麼可能毫無價值？

(C) 錯，加密貨幣驚驚漲，連臉書都要發幣，怎麼可能毫無價值？

(D) 錯，防毒軟體公司創辦人邁克菲 (John McAfee) 說比特幣會漲到 200 萬美元！怎麼可能毫無價值？

二、請問圖 9-1 所顯示的是什麼東西？

(A) 美金；(B) 歐元；(C) 新臺幣；(D) 彩色紙。

圖 9-1　現代貨幣的實例，是真的有價值，還是龐氏騙局呢？

三、大家一定都同意，圖 9-1 顯示的東西「有價值」，那為什麼你覺得它有價值？

(A) 因為它是政府發行的，有政府背書保證。

(B) 因為政府發行貨幣有黃金儲備，用黃金背書保證。

(C) 因為我偷偷用印表機列印這張彩色紙會被警察抓，代表它有價值。

(D) 因為待會中午我肚子餓了，可以用它到對面的便利商店換東西吃。

上面三題，是我在區塊鏈課程裡必問的三個題目。第一題沒有標準答案，留給大家思考；第二題的標準答案是 (D) 彩色紙；第三題的標準答案也是 (D)，為什麼？因為並非政府發行的貨幣就有價值，想想，如果是辛巴威政府印的鈔票，你收嗎？現在的貨幣發行，早就已經沒有黃金儲備了，基本上政府愛印多少就印多少。總而言之，貨幣的價值來自於使用者接受它，我用這張彩色紙可以換東西吃，它就有價值；同理，比特幣如果可以換到一台特斯拉，它就有價值。

而這一群聰明的人就是看穿了這一點，知道貨幣的價值來自於使用者接受它，而不在於是誰發行的，因此創造了「加密貨幣（Cryptocurrency）」，並且不停的經由媒體向大家洗腦，讓大家相信加密貨幣是未來的趨勢，這樣就能夠讓使用者接受它。問題是「貨幣發行」是國家的專有權利，怎麼可能允許一般人任意發行貨幣呢？因此這一群人就想到**把龐氏騙局包裝成金融科技，用專有名詞唬弄監管機關與社會大眾，還可以避開金融法規，真的很聰明吧！**

●狗狗幣（Dogecoin）的起源

大約在2013年，比特幣社群剛開始萌芽，當時許多人對於使用所謂區塊鏈建立的加密貨幣，並不當一回事。澳洲的帕爾默（Jackson Palmer）發揮幽默感，結合「Doge」與「Bitcoin」自創了「狗狗幣（Dogecoin）」這種加密貨幣，並且在推持上發布推文〔2〕：

> 投資狗狗幣！很確定這將是下一件大事！
>
> （Investing in Dogecoin, pretty sure it' s the next big thing.）

當時的帕爾默或許只是開個玩笑，他自己也沒有能力寫這個程式，沒想到在美國的一位IBM軟體工程師馬庫斯（Billy Markus）看見了這個訊息，主動聯絡帕爾默，並且認真地寫成了狗狗幣採礦程式；它其實是參考比特幣的原始碼，同時換掉一些名詞，例如：把「挖礦（Mining）」改成「挖洞（Digging）」，因為狗會挖洞。這還真的很有趣，由於比特幣是開放原始碼，因此參考是合法的。

此外，比特幣的獎勵金較低，大約 10 分鐘產生一個區塊，目前流通大約 1,800 萬枚，而狗狗幣的獎勵金較高，大約 1 分鐘產生一個區塊，目前流通大約 1,280 億枚。要留意，萬和億差很多倍。由於獎勵金高而且產生區塊的時間短，因此狗狗幣的流通量遠大於比特幣，這會造成幣值較低；但是數量多代表容易流通，從流通的角度來說，狗狗幣甚至超越比特幣。

狗狗幣上市之後，由於狗狗可愛的造型和加密貨幣的嘲諷性質，竟然被鄉民熱烈擁抱，開始有人呼朋引伴發起狗狗幣的採礦社群，也就是開始有大量狗狗幣的礦工。恰好此時社群網路上流行「打賞」，由於狗狗幣一開始並不值錢，於是有人使用狗狗幣在Reddit社群網站打賞。打賞是對創作者的一種肯定，打賞的東西並不一定要很值錢，雖然當時 10 枚狗狗幣的價值還不到美元 1 毛錢，但是拿到 10 枚狗狗幣的感覺，比拿到 1 毛錢美元開心多了，這意外讓狗狗幣一路成長，目前已經是全球市值第 10 名的加密貨幣，市值大約 90 億美元；比特幣市值大約 4,000 億美元（2022/08）。

9-2

加密貨幣是真的有價值還是詐騙？

原來，所謂的貨幣，不就是一張「彩色紙」而已！而這一群聰明的人就是明白了這一點，才開啟了加密貨幣的金融創新。那麼到底加密貨幣是真的有價值還是詐騙？要討論這個問題，首先我們必須了解，現代貨幣的本質就是詐騙：一種不得已的詐騙！

● 量化寬鬆（QE：Quantitative Easing）

為了應對 2008 年的金融海嘯與 2020 年的新冠肺炎疫情，世界各國政府發明了「量化寬鬆（QE：Quantitative Easing）」這個名詞，美其名是一種非常規的貨幣政策，由中央銀行通過公開市場操作，從金融機構買入國債、房貸債券等證券，使銀行資金增加，利率降低，讓大家更容易借錢，等於變相把錢撒到市場上，提高實體經濟環境的貨幣供給量。這麼做相當於間接增印鈔票，因此早就有經濟學家批評這如同「龐氏騙局（Ponzi scheme）」[3]。

全球執行量化寬鬆做得最徹底的，要算是美國聯邦準備理事會（FED：The Federal Reserve System）了！它在 2008 年還是有限度的量化寬鬆，2020 年竟然直接宣布無限量化寬鬆，到目前為止已經向市場上撒了接近 8 兆美元，未來應該不會太久就超過 10 兆美元了！似乎只要遇到經濟問題，量化寬鬆就對了！現在大家明白，全球股市創新高、加密貨幣創新高的錢是怎麼來的吧！但這麼做是不得已的，因為如果不這麼做，等到經濟崩潰，後果更嚴重，因此我說「現代貨幣的本質就是不得已的詐騙」。

●涓滴理論（Trickle-down theory）

可能有人會問，量化寬鬆推升了股市，那產生的錢主要還是到了富人的口袋，怎麼可以救經濟呢？這就必須提到經濟學上另一個重要的「涓滴理論（Trickle-down theory）」，意指在經濟大蕭條時，把錢都給上層富人，它就可能一滴一滴流到窮人手裡。想想股市大漲讓富人有錢，這樣就會增加食衣住行的生活開支，於是我們就不會失業，聽起來還挺有道理的。

但是這種把戲玩多了是會走火入魔的，當貨幣供給量大增，物價就會開始蠢蠢欲動，最近銅、鋁、油價大漲就是實例。原本量化寬鬆是為了讓受到疫情重創的經濟復甦，但是眼看疫情不退、失業率高漲，問題還沒解決，反而造成物價大漲，實質所得倒退，日子更苦。如果繼續量化寬鬆，通貨膨脹會很慘；如果收縮資金股市崩盤會更慘，最後變成進退兩難，該怎麼辦呢？

所以我常和商學院的同學說，如果要選論文題目，這個會是最佳選擇：全球大印鈔，政府帶頭騙，這種方法一用再用，最後結局會如何？論文可以引用經濟學理論，推導出一個結論，正反都可以，講錯就算了！不小心猜中，可能就是下一個諾貝爾經濟學獎得主了！因為量化寬鬆這種把戲，是人類有史以來第一次，沒有人知道結局，也沒有歷史可以參考。

●你以為這種把戲只有政府會玩？

發行加密貨幣根本不需要什麼區塊鏈技術，只需要一台伺服器上網，再寫個程式就可以了！只是金融監管機關同不同意的問題。前面我們介紹過，瑞波幣（XRP）、穩定幣（Stable coin）、天秤幣（Libra）其實都一樣，有一群聰明的人，看穿了各國政府發行貨幣的把戲，有樣學樣。問題是，只用一台伺服器發行加密貨幣，如何唬得過金融監管機關，又如何能唬弄社會大眾，炒作出它的價值呢？因此才需要創造各種專有名詞。

更重要的是，印假鈔是違法的可以抓，發行「瑞波幣(XRP)」或「穩定幣(Stable coin)」無法可管，所以主管機關還拿它沒辦法，因為它發行的不是美元、不是法幣，只是代幣。再回去看看金融法規，還真的找不到他們違法的理由，最後只能睜一隻眼閉一隻眼讓他們繼續玩下去，不然就只能修法堵住這個漏洞。

簡單的說，**有一群聰明的人找到了一個方法，可以套上「金融新創」的外衣，做起無本金融生意，而且可以避開法規，不得不令人佩服**。我並沒有不看好它們的未來，只是我們要看穿這些人的把戲，千萬不要被小把戲給唬弄過去。

● 比特幣與狗狗幣大漲，是因為區塊鏈還是馬斯克？

2003 年艾伯哈德(Martin Eberhard)與塔彭寧(Marc Tarpenning)創立特斯拉公司，2004 年馬斯克加入，參與公司的A輪融資，直到今天成為一家成功的企業。其中主要的功勞當然來自於馬斯克，他有能力說服華爾街的投資人提供源源不絕的資金，使他不但造就了世界第一的電動車品牌，也讓自己身價超過 1,948 億美元，成為世界首富。了解特斯拉發展史的人都知道，這段過程其實是艱辛困難的。

馬斯克日前接連在推特上發表鼓勵買進加密貨幣的訊息，同時特斯拉已買進 15 億美元比特幣，並且表示在合適的法律規範下，將準備開始接受以比特幣購車，這使比特幣在短短五個月由 20,000 美元爆漲三倍，來到超過 60,000 美元，狗狗幣也由 0.007 美元暴漲 100 倍，來到超過 0.7 美元，特斯拉的財報立刻狠削了一筆，誰知道背後有沒有私人買賣大撈一票？賺飽了再翻臉說比特幣浪費電、不環保，特斯拉決定不收，造成所有加密貨幣崩跌。我們傻傻地拿自己辛苦賺來的現金和他們玩，怎麼玩得過他們？

乍看之下馬斯克買進狗狗幣，特斯拉買進比特幣立刻賺了一筆，真是聰明的投資呀！實際上真正大賺的是從前低成本持有大量加密貨幣的人，馬斯克和特斯拉只是來抬轎的而已。拿自己與公司多年辛辛苦苦賺來的錢替別人抬轎，讓別人賺大錢，自己只分到一點點，這樣算是聰明嗎？

哦！我說錯了！其實也沒有真的很辛苦啦！看看特斯拉的財報就知道公司目前也沒賺什麼錢，他們的錢其實是股市的投資人堆起來給他們的，而投資人的錢是來自於全球政府的量化寬鬆政策，等一下，這到底發生了什麼事？

如果馬斯克真的了解這整個加密貨幣市場的本質，以他的知名度，最聰明的做法是發行「馬斯克的幣(Mars'coin)」，簡稱「馬的幣」，不必搞什麼採礦了，學習瑞波幣直接發行 1,000 億枚吧！以馬斯克的知名度，如果馬的幣能夠漲到 2 美元，那等於憑空創造了 2,000 億美元，這還超過他努力奮鬥 20 多年成為全球首富累積的 1,948 億美元呢！

看到這裡，想通他們在玩什麼把戲了嗎？你覺得加密貨幣是真的有價值還是詐騙？那麼我們手上拿的鈔票是真的有價值還是詐騙？到底是誰在騙誰呢？

9-3
一場規模空前的去中心化龐氏騙局

加密貨幣是一場規模空前的去中心化龐氏騙局，也是一種圈錢的把戲。但是騙局不等於詐騙，當政府與企業家都跳進去一起玩的時候，騙局就轉化成金融科技，也可能是未來的明日之星。

●加密貨幣因為三件大事暴漲

2021年初，中國大陸封殺加密貨幣，比特幣在一個月內由60,000美元暴跌50%到接近30,000美元，接著連續發生三件大事，造成比特幣大漲創歷史新高：第一是美國國稅局（IRS：Internal Revenue Service）在5月要求加密貨幣平台交出客戶交易紀錄，以便追討交易稅，加密貨幣市場聞訊大漲〔4〕；第二是美國證券交易委員會（SEC）在8月討論是否同意比特幣相關「指數股票型基金（ETF：Exchange Traded Funds）」，最終同意第一檔比特幣期貨「ProShares比特幣策略ETF」在10月19日掛牌交易，比特幣聞訊大漲創歷史新高64,889美元〔5〕；第三是全球各大廠商同推「元宇宙（Metaverse）」，計畫未來建立與真實世界平行的虛擬世界，加密貨幣又稱為「虛擬貨幣」，在真實世界裡都可以炒到天價了，怎麼可能放過這個在虛擬世界炒作的機會？

●新科技成功與否的定義不是漲到多高或有沒有賺到

連續三大利多讓比特幣價格創歷史新高，每次只要比特幣大漲，就會有網友到YouTube「曲博科技教室」頻道上留言挖苦我：沒賺到不要難過！在此我想先聲明，我只是把技術原理講清楚，把各種加密貨幣的把戲拆穿而已，讓大家了解真相是我做教育的目的，會漲到多高？有沒有賺到？這不是加密貨幣成功的定義，也不是我在意的事情。

特別是當我看到特斯拉的馬斯克、方舟投資的伍德出來發表一些誤導大家的言論炒作加密貨幣，滿心想的只是自己買了比特幣如何撈錢，或投資了相關的加密貨幣新創公司如何吹捧，我就會忍不住想要跳出來把事情講清楚，免得更多人被誤導。這種去中心化的龐氏騙局之所以會成功，就是因為它用一堆專有名詞包裝，唬弄大家，讓許多人拿現金去抬轎。這個世界上總還是要有些人肯說實話吧！

被馬斯克炒作到目前全球第 10 名的狗狗幣（Dogecoin），創辦人帕爾默最近出面痛批加密貨幣是一場騙局，是種右翼、超級資本主義的技術，其根本目的是透過避稅、消除監管、人造稀有性等手段，以擴大支持者的財富。儘管加密貨幣常以「去中心化」為號召，實際上仍然控制在少數利益集團的手裡，且藉由付費請網紅及媒體擴大聲勢，形成邪教般的老鼠會，從那些貧窮、天真的民眾手中詐取金錢〔6〕。很高興又有一個人願意站出來講真話，然而，有些網友便惡意批評，聲稱帕爾默只是因為沒有嚐到狗狗幣上漲的甜頭在眼紅罷了。你看，他的遭遇是不是和我一樣？

●新科技帶給人類的意義不應該是圈錢的工具

任何一種新科技的發明，都有它帶給人類的意義，手機網路讓我們生活更方便、防毒軟體讓網路連線更安全，甚至線上遊戲讓休閒娛樂更有趣，但是加密貨幣的發明，卻只是少數人「圈錢」的工具，創造一堆艱深難懂的區塊鏈專有名詞，包裝著金融科技的外衣炒作哄抬，不只唬了一堆投資人，還把金融監管機關耍得團團轉，這對人類有什麼意義？

尤其是比特幣，浪費了我們珍貴的電力，當人類面臨溫室效應，2020年全球平均氣溫比工業化以前上升了大約1.2度，而上升超過2度就將帶來不可逆的災難，結果這些精英企業家，想的竟然只是炒作撈錢。我說馬斯克你賺的錢夠多了吧！幾輩子都花不完，是不是該想想如何替我們的後代子孫保留一個能夠生存的地球，而不是炒作比特幣撈錢呢？

●課徵加密貨幣交易稅，卻使加密貨幣大漲！

大家都還記得，財政部研議要課徵證券交易所得稅，結果造成台北股市連日大跌，從此以後財政部再也不敢提這件事了！但是美國國稅局（IRS）在2021年5月要求加密貨幣平台交出客戶交易紀錄，以便追討交易稅，加密貨幣市場卻聞訊大漲〔5〕。課徵證所稅使股市大跌，課徵加密貨幣交易稅卻使加密貨幣大漲！大家猜猜這是為什麼？

自從10年前中本聰發明比特幣，到了2021年，掛在市場上交易的加密貨幣超過20,000種，總市值超過2兆美元，一天的交易量超過1,000億美元〔7〕，從這裡我們就可以看到現在炒作和洗錢的市場有多大，但是政府卻什麼好處也沒撈到，想著想著手就癢了！當然就要開始討論如何才能撈到好處。問題是，政府想抽稅，就得先承認加密貨幣的合法地位，因此加密貨幣市場聞訊大漲！

9-4

新型態龐氏騙局：用專有名詞唬外行人

諾貝爾經濟學獎得主克魯曼（Paul Krugman）在《紐約時報》發表專欄文章，稱加密貨幣是「騙局」，並且到美國聯邦貿易委員會報告說：加密貨幣正迅速成為許多詐騙者的首選支付方式，鑑於加密貨幣在普通交易中的作用很小，這令人印象深刻〔8〕。

●舊龐氏騙局是一個人騙一群人，新龐氏騙局是一群人唬所有人

我們回頭談談一百年前的那場龐氏騙局，美國義大利移民龐茲（Charles Ponzi）在 1919 年開始策畫，成立空殼公司騙投資人向這個子虛烏有的企業投資，然後把新投資者的錢作為快速盈利，付給最初投資的人，等於是上線拉下線，以誘使更多的人上當，那是中心化的「一個人騙一群人」，最後以失敗告終。這場陰謀持續了一年之久才被戳破，它失敗的原因就是「中心化」，帳本只儲存在一個人的電腦裡，最後龐茲被判處五年刑期。

而加密貨幣「號稱」是去中心化的，使用所謂的區塊鏈技術，利用電腦演算法把帳本分散儲存在全球許多礦工的電腦裡，包裝成創新的金融科技，再經由社群炒作擴大聲勢，拉高價格再倒給新投資者割韭菜，等於是上線拉下線，這和一百年前的那場舊龐氏騙局，最大的差別就是去中心化的「一群人唬所有人」而已！

更重要的是，玩到連政府與企業家都想跳進來摻一咖、撈一票。有趣的是，這場遊戲最後肯定沒有人會被判刑，因為它「去中心化」，要抓誰

呀？所以我說這是一場規模空前的去中心化龐氏騙局，它成功的原因就是打著「去中心化」大旗，要是龐茲地下有知原來還可以這樣玩，恐怕只能捶心肝，怪自己腦筋不夠靈活了！

宣講者不只到處宣講洗別人的腦，更進一步催眠自己，讓自己堅信這是創新的金融科技；更有趣的是，有些宣講者常常連自己都搞不清楚自己到底在講什麼？連「穩定幣」這種中心化的東西都可以說成去中心化來炒作，實在不確定是因為不了解所以講錯了？還是明明了解卻刻意誤導，別有用心？

有些網友和我嗆聲：龐氏騙局的定義是保證獲利、利用後期投資者的資金向早期投資者支付利息，加密貨幣不符合這兩個條件，所以不算龐氏騙局。1919 年的龐氏騙局的確是這個定義，**但是後來經濟學家已經把所有「買空、賣空，上線拉下線的行為」都稱為龐氏騙局**，因此諾貝爾經濟學獎得主克魯曼把比特幣稱為龐氏騙局，許多經濟學家也把美國量化寬鬆（QE）稱為龐氏騙局，別忘了現在不是 1919 年，已經 2022 年了！

這一場龐氏騙局發展的順序，就是一開始先做礦工，採礦得到加密貨幣之後，就到別人的交易所洗成現金；但是用別人的交易所要付手續費，所以乾脆自己開交易所，不但能把自己採礦得到的加密貨幣洗成現金，還可以收別人交易的手續費；後來做大了，乾脆自己建立一條區塊鏈發幣圈錢，講成白話文就是：替別人把假鈔洗成現金只賺手續費太慢了！乾脆自己印假鈔洗成現金賺得比較快。

●去中心化只不過是一句口號，「圈錢」才是目標

我常開玩笑說，這些不停反覆的「去中心化」口號，就好像是古代的「反清復明」一樣，在周星馳的電影《鹿鼎記》裡，陳近南教導韋小寶：你是個聰明人，我可以用聰明的方法和你說話，對付那些人就絕對不可以跟他們說真話，必須用宗教形式來催眠他們，使他們覺得所做的事情都是對的，所以反清復明只不過是一句口號，「銀兩」才是目標，總之如果成功的話就有無數的銀兩。

「去中心化」只不過是一句口號，「圈錢」才是目標，總之如果成功的話就有無數的銀兩。說實話，目前看起來這種去中心化口號是成功的，連政府與企業家都想跳進來摻一咖、撈一票，想賺錢是人的天性，這其實無可厚非，**只是我們要常常思考，自己是唬弄別人的聰明人，還是陳近南口中被別人唬弄的人？**

9-5

工程師被挖光光，專家大嘆產業危機

近年來科技發展，軟體人才搶手，臉書(Facebook)、蘋果(Apple)、微軟(Microsoft)、谷歌(Google)、亞馬遜(Amazon)相繼喊出年薪百萬美元搶人才，結果人才卻紛紛被加密貨幣新創公司搶走，到底為什麼這些「新創公司」這麼有吸引力呢？

●新型態龐氏騙局風靡全球，新時代專業人才前仆後繼

最近有許多朋友不約而同私下問我，有沒有資工背景的人才可以介紹。詳細詢問之後才知道，是朋友的公司裡重要的資訊工程師被別人挖走，我以為是因為台積電或聯發科高薪挖角，如果是這樣對臺灣也是好事，沒想到他們都說是被非同質化代幣(NFT)新創公司挖走。

其中一位朋友想要挽留欲離職的員工，他說：「你的表現很好，我再替你加薪可以嗎？」沒想到對方回答一句：「人家找我去寫智能合約，開出月薪1萬美元，而且還免稅，你能替我加到多少？」我朋友一聽，到嘴邊的加薪條件只能又吞了下去。為什麼人家找他去寫NFT智能合約可以開出月薪1萬美元？為什麼不是新臺幣？為什麼還可以免稅？現在大家發現加密貨幣的用處了嗎？

●是「金融創新」還是「金融詐騙」？

問題是，為什麼這個號稱「金融創新」的加密貨幣新創公司可以支付

這麼高的薪水？還不就是利用社會大眾對科技的不理解，撰寫誤導大眾的文章宣傳，經由網路媒體炒作加密貨幣與NFT來的嗎？這算是「金融科技」還是「金融詐騙」？還讓專業人才前仆後繼。如果大家都對這種行為視而不見，那未來受害的不只是被割的韭菜，損失的更是臺灣的產業競爭力。

我朋友說這位被挖走的工程師很優秀，現在去寫智能合約，我常在想他加入的是金融科技新創公司，還是新型態詐騙集團？那個所謂的「NFT智能合約」是真的有新的商業模式，還是新型態的詐騙合約？有沒有發現創新和詐騙的界線被炒作得愈來愈模糊？我猜對方應該是用發薪當日的牌價，以美元折合多少乙太幣或穩定幣支付，他如果立刻換成現金真的就是1萬美元，而且還免稅，有多少人能抵抗這種誘惑？

●百萬美元年薪請不到人，因為錢用「圈的」比較快

這個問題不只臺灣，全球都一樣，連谷歌、亞馬遜開出百萬美元年薪也請不到人，人才都跑去哪裡了〔9〕？所以我說這種「新型態龐氏騙局風靡全球」，造成「新時代專業人才前仆後繼」，如果人才都跑去炒幣圈錢了，那台積電和聯發科，還有其他資訊科技的重要工作由誰來接？

我在「曲博科技教室」發表許多影片，拆穿這些加密貨幣與NFT的龐氏騙局，許多人在影片下面留言嗆聲，沒想到也有許多資工背景的專家私下寫信給我表達支持。大家都看到同樣的問題，資訊科技專業人才流失，造成許多專案延誤無法執行，也都憂心臺灣未來的產業競爭力。

● Web 3.0 來臨是應該好好把握的創業時機嗎？

微信支付、螞蟻金服、字節跳動等是屬於中心化的電子支付，用來取代我們日常生活使用的現金，提升方便性，這是有必要的「金融創新」；而加密貨幣與NFT這種打著去中心化口號圈錢，實際上大部分是中心化的「分散式金融（DeFi）」，是沒有必要的「偽金融創新」。

我在學校上課路過一個演講場地，看了一下門口的演講題目，談的是分散式金融（DeFi）、加密貨幣與NFT，裡面200人的場地座無虛席，擠到連走道和入口都是滿滿的人潮，台上的人侃侃而談，不斷吹噓加密貨幣與NFT將如何取代傳統貨幣，台下的年輕學子一個個聽得如癡如醉。**我心中忽然有無限感慨：狗狗幣創辦人帕爾默口中「邪教般的老鼠會」不就正發生在我眼前嗎？**

這一場場「洗腦大會」，結合了一堆專有名詞包裝唬弄大家，讓許多人拿現金去抬轎，而這樣的「去中心化龐氏騙局」還真的說動了政府與企業家，大家都想趁機撈一票。加密貨幣的確是讓許多人成功圈錢致富，想到幾天就能賺十倍、百倍的暴利，的確能吸引更多人前仆後繼加入這個產業，問題是，這對臺灣未來長遠的發展有什麼幫助？

● 建議年輕學子投入半導體，而不是「偽金融創新」

最近我到一個跨領域人才學士學分班上課，對象是北部幾所學校的大學部同學，題目講的是加密貨幣、區塊鏈與NFT、分散式金融（DeFi），大家都知道我講這些所謂的「金融創新」，都是實話實說，坦言哪些真的有創新、哪些根本是炒作，不同於一般大家參加的「洗腦大會」，結合了一堆專有名詞來包裝、唬弄人。

課程結束後，兩位資訊管理學系的大學部同學到講台和我說：「你說的這些原理我都知道，那些唬人、炒作的手法我也明白，但是我還是決定要加入他們的行列，因為這樣賺得比較快。」

臺灣四所大學成立了半導體學院，這是跨領域整合，讓臺灣的半導體產業再創奇蹟的機會。加入「圈錢」的行列的確賺得比較快，但是卻錯過了這場科技盛會，所以 Web 3.0 來臨，真的是我們應該好好把握的創業時機嗎？學一堆沒用的圈錢把戲，真的能夠一直賺下去？現在的網路世界，大家學習得很快，這些把戲總有一天會被戳破的，因此我只能建議年輕學子，投入半導體科技盛會，學點真正有用的東西吧！

● 中國大陸打壓互聯網扶持半導體，臺灣卻反其道而行？

中國大陸過去 20 年出現了微信支付、螞蟻金服、字節跳動等「金融創新」，不但造就了馬雲、張一鳴等首富，還促使大家前仆後繼投入這個輕鬆賺錢的行業，摒棄辛苦的半導體產業，20 年後，雖然造就了許多富豪與金融創新，卻造成半導體產業沒有先進製程而困擾不已，如今大徹大悟開始打壓互聯網，迫使資金與人才轉向半導體產業來提升國家競爭力。

反觀臺灣，20 年前優秀的人才投入半導體產業，造就了今日的台積電與聯發科，現在終於「大徹大悟」，意識到這樣工作賺錢實在太辛苦了，所以開始了圈錢把戲，而且使用的是更上層樓的「偽金融創新」。微信支付不過就是用個手機應用程式（App）來支付人民幣嘛！這個有什麼了不起，我們直接架一台伺服器，寫個程式發行幾千億枚穩定幣取代美元交易，不是更方便，更「創新」？

第 10 章

金融詐騙大崩盤

金融監管機關該有哪些作為？

10-1 新型態龐氏騙局代表作：Luna 幣與 UST 幣

10-2 金融詐騙大崩盤，受害人求助無門

10-3 採用比特幣作為法幣，是頭殼壞去還是聰明絕頂？

10-4 引發下一場金融海嘯的會是加密貨幣嗎？

10-5 金融科技是矽谷想要吃掉華爾街的午餐

金融科技是科技業者想要提供金融服務，搶食傳統金融市場，但是有一群聰明的人利用這個機會魚目混珠，他們看準了金融監管機關大部分都是財金專家，對資訊工程技術不熟悉，因此就創造一堆專有名詞唬弄大家。實際上就是套上「金融新創」的外衣，做起無本金融生意，而且可以避開法規，因此金融監管機關要明辨這個金融創新到底是真是假，制定相關的法規加以限制，才能維護金融市場的健全與穩定。

10-1
新型態龐氏騙局代表作：Luna幣與UST幣

2022 年 5 月Luna幣與UST幣大崩盤，不僅造成市值 186 億美元的UST幣和 400 億美元的Luna幣雙雙歸零，全球上百萬人求助無門，還造成韓國 20 萬人血本無歸，到底發生了什麼事？

● Luna幣與UST幣的原理

Terra生態圈採用「雙代幣」的方式運行，同時發行Luna與UST兩種加密貨幣，採用的是「持有量證明（PoS：Proof of Stake）」，礦工經由質押Luna幣取得下一個區塊的所有權並且獲得獎勵金，Terra還會將每筆交易的 0.5% 手續費作為獎勵發給Luna幣礦工，那麼Luna幣與UST幣又是用了什麼「偉大創新」的金融科技演算法，達成UST幣與美元之間的穩定呢？

首先，Terra同時發行Luna與UST兩種加密貨幣，其中UST幣就是穩定幣，利用演算法達成 1 枚UST幣錨定 1 美元，而Luna幣的價格不固定，同時規定「1 枚UST幣」可以兌換「價值 1 美元的Luna幣」，**記得是兌換「價值 1 美元的Luna幣」，而不是兌換「1 枚Luna幣」唷！**

● 假設現在 1 枚Luna幣市價 10 美元 依規定可以兌換 10 枚UST幣

當 1 枚UST幣漲到 1.1 美元時，想賺取差價的中間商會花 10 美元買 1 枚Luna幣，然後依照規定可以兌換 10 枚UST幣，並且以 11 美元賣出，就可以賺得1美元的價差，獲利10%。這樣會銷毀1枚Luna幣，同時鑄造10枚UST幣，此時大家都想賺價差搶購Luna幣，兌換並賣出UST幣，結果UST幣因為鑄造數量增多價格下降，UST幣就自然會跌回1美元。

當1枚UST幣跌到0.9美元時，想賺取差價的中間商會花9美元買10枚UST幣，然後依照規定可以兌換1枚Luna幣，並且以10美元賣出，就可以賺得1美元的價差，獲利11%。這樣會銷毀10枚UST幣，同時鑄造1枚Luna幣，此時大家都想賺價差搶購UST幣，兌換並賣出Luna幣，結果UST幣因為銷毀數量減少價格上升，UST幣就自然會漲回1美元。

●假設現在1枚Luna幣漲到100美元 依規定可以兌換100枚UST幣

當1枚UST幣漲到1.1美元時，花100美元買1枚Luna幣，兌換100枚UST幣，賣出110美元，就可以賺得10美元的價差，獲利10%。大家搶購Luna幣，兌換並賣出UST幣，結果UST幣因為鑄造數量增多價格下降，UST幣就自然會跌回1美元。

當1枚UST幣跌到0.9美元時，花90美元買100枚UST幣，兌換1枚Luna幣，賣出100美元，就可以賺得10美元的價差，獲利11%。此時大家搶購UST幣，兌換並賣出Luna幣，結果UST幣因為銷毀數量減少價格上升，UST幣就自然會漲回1美元。

如此一來，Luna幣就可以價格不固定，方便炒作圈錢，而UST幣可以錨定1美元，利用上面的演算法就可以達成穩定幣的功能，真是「偉大創新」的發明呀！後來由於炒作得宜，使UST幣大受歡迎，需求變多，用Luna幣兌換UST幣的人也變多，人們對Luna幣的需求變大，價格水漲船高， 1 枚Luna幣從零點幾美元，最高漲到了超過 100 美元，Luna幣的總市值最高來到大約 400 億美元。

● 為了炒作UST幣與Luna幣而發明的Anchor協議

為了讓UST幣更搶手，Terra創辦人還發明Anchor協議，基本上就是把UST幣存進去可以獲得 20%的年化報酬率〔1〕，這個時候就會出現「Luna幣的單價會衝上 1,000 美元」或「我永遠是Luna的粉絲！」這種留言，瞬間Luna幣出現了一堆狂熱粉絲。明眼人就看得出來這根本是「龐氏騙局」，大家有沒有發現，這種由專業人士發明的龐氏騙局，比傳統的電信詐騙高明多了！

一般的穩定幣，例如：USDT幣、USDC幣好歹有在銀行儲備一些美元裝裝樣子，而UST幣與Luna幣完全就是靠左手丟給右手的把戲炒作，再加上 20%的年化報酬率買空賣空，上線拉下線吸引韭菜。面對質疑，Terra創辦人還在推特上嗆聲：Luna幣一直在漲，而你的項目一直在跌，Luna幣未來必定暴漲，賭 1,100 萬美元你敢嗎？

由於年化報酬率高達 20%，Anchor協議這種「龐氏騙局」一定入不敷出，再加上絕大多數的UST幣都被存進去賺取 20%的年化報酬率，甚至很多人用好幾倍的槓桿借錢存進去，Terra創辦人同時把發行Luna幣圈來的錢換成比特幣，作為Luna幣的儲備資產。

也由於大部分的UST幣都被存在Anchor協議裡面，市場根本就沒多少UST幣在流通，Terra創辦人為了籌備下一個規模更大的UST-4Crv資金池，從現在規模較小的UST-3Crv資金池撤走了 1.5 億美元的UST幣，只留下 7 億美元的UST幣，使得UST幣的流通性更差，再加上美國聯準會（FED）升息收回資金，造成全球股市與加密貨幣大跌，天時、地利、人和，躲在暗處的加密貨幣巨鱷就要開始出門狩獵了。

從這裡大家可以看出，用這種Anchor協議的龐氏騙局竟然就能圈到這麼多錢，所以食髓知味，打算放大規模，把UST-3Crv升級成UST-4Crv資金池，多圈一些！

● 大小騙子互相較勁，受害的卻是韭菜！

從2022年5月8日開始，一個新地址突然拋售價值8,400萬美元的UST幣，UST幣數量增多，價格下降，為了保持價格錨定1美元，Terra支持的LFG基金會又從UST-3Crv資金池裡撤走了價值1億美元的UST幣，以減少UST幣，勉強保持價格錨定接近1美元。

接下來，多個加密貨幣巨鱷帳戶開始不斷在幣安(Binance)交易所拋售UST幣，每筆交易金額都有數百萬美元，造成UST幣數量增多，價格暴跌，與1美元脫勾。由於這一代的UST-3Crv資金池太小，這次花費3億美元的攻擊才會成功，事實上如果下一代的UST-4Crv資金池完成建置，規模大約有40億美元的UST幣，那就需要更多的資金攻擊才會成功。

由於5月8日的小型脫勾事件，恐慌情緒在UST幣和Luna幣持有者之間快速蔓延，大量加入Anchor協議的UST幣被拋售，造成UST幣數量增多，價格暴跌，與1美元脫勾更大。此時LFG基金會出售持有的7億美元比特幣儲備，買入UST幣，希望維持UST幣的價格，但是這麼做反而使比特幣價格進一步下跌，市場情緒持續惡化，導致Luna幣出現大跌，一發不可收拾。

總計在一週之內，Luna幣由80美元暴跌到0.0002718美元，如圖10-1

所示，號稱價格錨定1美元的「穩定幣」UST幣由1美元暴跌到0.1806美元，如圖 10-2 所示，大小騙子互相較勁，受害的卻是大量加入Anchor協議，買入UST幣與Luna幣的韭菜！

傳言這次UST幣與Luna幣事件背後的最大贏家，總共借了 10 萬枚比特幣，其中2.5萬枚比特幣換成UST幣拋售，打壓UST幣的價格，剩下的7.5萬枚比特幣直接放空。由於LFG基金會出售持有的 7 億美元比特幣儲備，造成比特幣價格大跌，使這波放空大賺一票，但是由於加密貨幣的匿名特性，無法得知背後的藏鏡人是誰。所以這次事件真的是加密貨幣巨鱷的傑作？還是Terra自導自演的吸金詐騙把戲？不得而知。

圖 10-1　Luna 幣由 80 美元暴跌到 0.0002718 美元[2]。

圖 10-2　UST 幣由 1 美元暴跌到 0.1806 美元〔2〕。

10-2

金融詐騙大崩盤，受害人求助無門

2022 年 7 月初，金管會以「虛擬資產具高度投機性和高風險性，不易進行交易監控」為由，發函要求信用卡收單機構不得以信用卡作為虛擬資產交易的支付工具〔3〕，立刻引起加密貨幣業者反彈！同時少數專業人士在臉書與媒體上發文抨擊，引用一堆似是而非的歪理，讓人看不下去。**我只想對金管會說：做對的事就要堅持下去，不要害怕業者反彈。**

● 真假加密貨幣有什麼差別？

2021 年的中秋節假日，我的手機曾跳出一則令人心痛的新聞：一位優秀的年輕女孩，因為看好虛擬貨幣挖礦，將澳洲打工積蓄投入卻受騙，為了投資虛擬貨幣賠光了自己辛苦存下來的積蓄，又因為自己是上線拉了下線，被律師告知可能會變成被告，難以脫罪；她害怕入獄而癱軟在地上痛哭，最後竟然走上絕路，令人不勝唏噓〔4〕。不久前發生的Luna幣與UST幣大崩盤事件，造成投資人慘賠 6,000 萬而崩潰，在台中豪宅墜樓輕生〔5〕。朋友問我：這兩者之間有什麼差別？

我回答：說穿了，前者是「假的」加密貨幣，那就是由書讀較少的人發起的「舊型態詐騙集團」；後者是「真的」加密貨幣，號稱使用「區塊鏈」的金融創新，骨子裡就是一種由高級知識份子發起的「新型態詐騙集團」，把龐氏騙局包裝成金融科技，用專有名詞唬弄監管機關與社會大眾，兩者只是程度上的差別而已。

我相信一定有許多人和我一樣，打開網站就出現許多置入性新聞：某某人如何以比特幣一天賺數十萬，短短數月翻身千萬富翁，失業在家發現比特幣更好賺等等。只要牽涉到錢，就一定會有人想出各種花招來「圈」。大家想想上市櫃公司要經過證券交易所那麼嚴格的審查，還是會發生康友、樂聲這種騙局，造成一堆投資人受害。加密貨幣如果不監管，後果如何可想而知。

●新型態的詐騙集團

網路上有某位戴著面具的網紅在打非同質化代幣（NFT）詐騙案，網友留言說我在做同樣的事情。但是，其實我做的事情很不一樣！他打的是純詐騙的那種案例，其實很容易；而我要應付的是讀了很多書的專業人士，用專有名詞包裝唬弄大家，什麼去中心化、穩定幣、NFT、PoS、DApp、DeFi、Web 3.0，把龐氏騙局包裝成金融科技，骨子裡就是一種「新型態的詐騙集團」，而且還不違法，這個可厲害了吧！

重點是，他們創造專有名詞的速度，比我解釋的速度要快得多，再加上許多媒體跟風炒作給大家洗腦，甚至還有嚐到甜頭的企業精英也加入，弄到金融監管機關還真的把這些新型態的詐騙集團當成金融新創公司。但是要拆穿這些把戲可沒這麼容易，畢竟他們只要隨便丟幾個專有名詞就可以把大家唬住了！唯一的辦法是把原理講清楚，但是這樣我得浪費很多時間去讀那些沒營養的「圈錢白皮書」，這才是最麻煩的地方。

●假創新真詐騙，金管會監管有理切莫退縮！

金管會的信用卡禁令發布後，立刻有專業人士在媒體發文〔6〕：多元支付方式購買商品，是人民一個基本的自由，人民也有基本的判斷能力，商品價格上下波動，如果我在充足資訊下，決定接受，並沒有被欺騙，那雙方就應該接受波動的結果。

什麼叫「充足資訊」？人民有哪一種基本的判斷能力？了解什麼是區塊鏈和加密貨幣的原理嗎？大家聽得懂這些用專有名詞堆砌起來唬人的東西？相信某些專業人士自己都說不出什麼是區塊鏈吧！如果這種說法是對的，那投信投顧何必要證照？任何人都可以招攬客戶炒作股票，只要他提供「充足資訊」，讓人民做「基本判斷」，不是嗎？

●虛擬通貨不是貨物，和冰箱有什麼關係？

這位專業人士還提到，根據金管會新聞稿，對於虛擬通貨之定性援引中央銀行與金管會過去見解，將虛擬通貨定位為具有高度投機性的數位虛擬商品，「不是貨幣」。因此在臺灣加密貨幣的定位是商品，就像你跟商家買商品一樣，可以刷卡，也可以用現金、轉帳。今天金管會的禁令，就像是你去購物，所有物品都可以刷卡，除了冰箱不行。

所謂的「通貨」，英文其實是「Currency」，是指在社會經濟活動中作為流通手段的貨幣[7]，所以通貨就是「貨幣」而不是「貨物」，雖然金管會的新聞稿裡把加密貨幣稱為「商品」，但原意是「金融商品」而不是「一般商品」。「虛擬通貨」其實就是「虛擬貨幣」或「虛擬金融商品」的意思，而且還是「高度投機性質」的金融商品，和冰箱有什麼關係？刷卡可以買冰箱，是因為今天冰箱一台 10,000 元，明天不會變成 5,000 元，拿冰箱來對比加密貨幣，會不會太誇張？

●刷信用卡不能買股票，當然不能買加密貨幣

此外，又有專業人士在媒體發文表示反對，提到股票市場的融資制度就是借錢給投資人購買股票，如同房地產市場中的房屋貸款，信用與投資在一定程度上是無法拆分的，而信用一直是投資的資金來源，股票市場的融資制度就是借錢給投資人購買股票。言下之意是既然股票可以借錢來玩，為什麼加密貨幣不行？

股票市場的確可以融資，但是必須經由證券交易所在嚴格的條件下執行，而且保持一定的「融資維持率」才行。意思是，借錢只能占股價的一定比例，例如：股價 100 元，上市股票必須自備 40 元，融資金額 60 元。融資維持率太低，券商就會通知投資人補錢，俗稱「追繳」，如果繳不出來就強制把股票賣出收回現金，俗稱「斷頭」，為什麼搞得這麼麻煩？

因為當股價大跌時，必須確保投資人有足夠的錢來償還，否則會造成違約風險，不但害了投資人，也會拖垮金融體系，這就是為什麼要禁止以信用卡來買股票。因為刷卡沒有這麼多規定來保護投資人和券商，因此金管會規定刷信用卡不能買股票，當然不能買加密貨幣，完全合情合理。

●韓國金融監管機關不用功，難道是我們應該學習的嗎？

這位專業人士還舉例，南韓幾乎所有銀行都可以跟加密貨幣交易所合作，南韓本來落後的純網銀業者K Bank，在與加密貨幣交易所合作之後，一段期間內新用戶數反超第一名的 Kakao Bank。而泰國Siam Commercial Bank則是直接取得Bitkub Online交易所 51%的股權。VISA目前已和全球至少 65 家加密貨幣錢包業者合作，直接合作發行簽帳金融卡。言下之意加

密貨幣是全球趨勢，臺灣太落後。

這個何足為奇？金融業者原本就想要擴大業務，眼看著這些新型態的龐氏騙局愈做愈大，打不過它就加入它。把業績做大是做生意的不二法門，只要能賺錢就好。與加密貨幣錢包業者合作，立刻可以吸引加密貨幣持有者爭先恐後加入，利用這個方法就能直接把加密貨幣漂白。管它有沒有洗錢，業績立刻暴增了不是嗎？那不代表金融創新，只能說這種新型態的龐氏騙局實在是太厲害而已。

南韓就是對加密貨幣採取開放的態度，把這種新型態的龐氏騙局當成金融科技，才會玩出人命。是的，Luna幣與UST幣大崩盤事件就是南韓玩出來的，不僅造成市值186億美元的UST幣和400億美元的Luna幣雙雙歸零，全球上百萬人求助無門，還造成韓國20萬人血本無歸，自殺勝地「麻浦大橋」變成關鍵字〔8〕，還有10歲女童的父親疑似投資Luna幣積欠上百萬卡債，一家三口開車墜海身亡〔9〕，而首爾檢察官辦公室的金融證券犯罪聯合調查組，這時才姍姍來遲，開始針對加密貨幣的崩盤展開調查〔10〕。

為什麼我說加密貨幣是高級知識份子發起的「新型態詐騙集團」？Luna幣與UST幣的創辦人是史丹佛大學畢業，獲得電腦科學專業學位，曾經任職於蘋果與微軟的軟體工程師，其實是一位優秀的人才。這些專業知識如果運用在人工智慧或物聯網，對產業肯定有很大的幫助，但是誤入歧途弄出人命，怎麼不令人唏噓？

由此可知，世界各國的金融監管機關「不用功」，沒有好好去了解「區塊鏈」和「加密貨幣」只是專業人士用來包裝唬弄大家的把戲而已，才會放任他們玩出人命，現在才開始調查補破網。這種「不用功」的對象，難道是我們的金管會應該學習的嗎？

●是的，我相信詐騙集團永遠會找到自己的出路！

該文最後專業人士談到：生命會找到自己的出路，還舉出電影《侏羅紀公園》裡，數據學家說了句生物演化的特性：生命會找到自己的出路（Life finds its way）。並不忘批評金管會如此簡單粗暴的一刀切，反映的是主管機關對於加密貨幣的駝鳥心態：眼不見為淨。只要不在管轄範圍裡出事，之後都與金管會無關。

自從 2021 年比特幣被特斯拉的執行長馬斯克炒作到 60,000 美元，所有加密貨幣水漲船高，讓許多早期投入這個去中心化龐氏騙局的人一夜致富，也讓許多年輕人趨之若鶩。**龐氏騙局不是不能玩，但是要切記三大口訣：愈早進去賺愈多，愈晚進去賺愈少，最後進去是韭菜**。金管會為什麼要禁止刷卡買加密貨幣？想想如果有投資人心嚮往之，一時衝動刷卡大買加密貨幣，幻想一夜致富，最後被收割成韭菜怎麼辦？

最後我想奉勸企業家，應該要有企業社會責任，不要再發表一些似是而非的言論唬弄社會大眾。都已經玩出人命了，難道還要金管會「駝鳥心態，眼不見為淨」嗎？因此金融監管機關面對金融科技，應該用心深入去了解這些科技背後的技術原理，不要因為業者用「阻止新創」的理由就嚇退放任不管，而要明辨這個金融創新到底是真是假，並且留意加密貨幣市場的發展，制定相關的法規加以限制，才能維護金融市場的健全與穩定。做對的事就要堅持下去，不要害怕業者反彈。

是的，我相信，生命會找到自己的出路。詐騙集團永遠會找到自己的出路，不管是舊的或新的；加密貨幣也是，不論是假的或真的。

10-3
採用比特幣作為法幣，是頭殼壞去還是聰明絕頂？

2022 年 6 月，有一篇專欄文章談到：宣布加密貨幣成為法定貨幣，這些國家、這些人，都是頭殼壞去。當時立刻有專業人士回文反擊[11]：採用比特幣為法幣，不是頭殼壞去！文中有許多內容在破解比特幣的謊言迷思。而這些內容恰好就是比特幣的「謊言」與「迷思」，大家是不是聽不懂我在扯什麼？到底誰是誰非呢？

● 採用比特幣作為法幣，只是政府唬弄老百姓而已！

政府採用比特幣作為法幣的這些國家、這些人，其實並不是「頭殼壞去」。恰好相反，這些國家的政府「聰明絕頂」，知道可以用「比特幣」這個專有名詞「唬弄」老百姓，或許就可以巧妙地解決通貨膨脹造成法定貨幣惡性貶值的問題，而這是老百姓頭殼壞去嗎？其實也不是，那麼這是為什麼呢？

因為比特幣的原理含有太多的專有名詞，什麼區塊鏈(Blockchain)、採礦(Mining)、雜湊演算法(Hash)、困難指數(Difficulty)、對等式網路(Peer to peer network)、工作量證明(PoW)等等，不要說薩爾瓦多的老百姓不懂，連教育程度高得多的臺灣，你在街頭隨便攔住一個人，問他什麼是比特幣或區塊鏈，他也說不出個所以然吧！更有趣的是，偷偷告訴你，許多發文吹捧加密貨幣的專業人士，其實也不懂原理！

關於加密貨幣與區塊鏈，有專家說是金融創新，有專家說是龐氏騙局，讀者看到網路上兩種結論完全相反的文章，一定覺得霧煞煞。為什麼呢？

其實這是因為大部分讀者不了解比特幣與區塊鏈的原理，所以無法判斷，而解決的方法只有教育。了解以後，大家就可以「自己」判斷誰是誰非了！

●貨幣叫什麼名字都可以，重點是人民有沒有信心

第九章曾經介紹過，所謂的貨幣只不過是一張「彩色紙」而已，重點是人民認不認這張紙。在薩爾瓦多，由於人民對法幣沒有信心，使得原來的「彩色紙」，哦！是原來的法定貨幣「科朗(Colon)」惡性貶值，2001年薩爾瓦多決定採用美元作為官方貨幣，目前市面上流通的90%都是美元，科朗則處在被完全放棄的狀態。

薩爾瓦多使用美元作為法定貨幣，立刻就可以解決法定貨幣科朗惡性貶值的問題，消除通貨膨脹，而且外幣匯回國內可以減少滙兌成本，提高外國投資人的信心。但是這麼做的缺點包括：喪失貨幣自主權，中央銀行無法發行貨幣，無法融資給本國金融機構，結果就是無法使用貨幣調節本國經濟活動。

而且，在美國進行無限貨幣寬鬆政策下，新冠疫情期間，美國三個月多出了3兆美元，帳面上都是借款，實際上就是印鈔。而美元作為世界貨幣，全球共同使用，意味著全世界都要幫美國分擔通貨膨脹的壓力，相當於直接掠奪了薩爾瓦多超過10%的財富。

「聰明絕頂」的薩爾瓦多政府，想到了改用比特幣作為法定貨幣，因為貨幣只是一個媒介，叫什麼名字都可以，重點是人民有沒有信心。只要經由社群媒體不停宣傳比特幣去中心化、不可竄改、可以信任，相信大部分的人民雖然聽不懂這是在鬼扯什麼，但是看看國際新聞好像都這麼說，那就可以用吧！你看，不是一下子就解決通貨膨脹的問題了？同時也不會

被美國貨幣寬鬆政策掠奪財富，真是一舉兩得呀！但是事實上是如此嗎？

●經由「中心化」的閃電網路，解決交易速度緩慢的問題

前面介紹過，為了確保交易資料無法竄改，比特幣的演算法設計成每10分鐘(600秒)，全世界只能「採出」一個區塊，一個區塊大約儲存4,096筆交易，所以全世界的礦工平均每秒最多只能處理6.82筆交易(4,096筆交易/600秒=6.82)，而且每一個區塊都必須複製一萬多份，並且分散儲存在一萬多個礦工的電腦裡，因此天生就「極無效率」。這種交易速度怎麼可能用來取代傳統貨幣？那麼，要如何解決這個問題呢？

比特幣礦工電腦裡的比特幣帳本(區塊鏈)是真的滿足去中心化、不可竄改、可以信任，我們姑且稱之為「外帳」。但是比特幣交易要寫入外帳，時間緩慢，手續費高，於是就有人發明了「閃電網路(Lightning network)」，經由「通道(Channel)」和「節點(Node)」，交易雙方都抵押一部分比特幣到一個多重簽名的位址上，等於是私下交易，我們姑且稱之為「內帳」。如此一來，雙方就可以來來回回快速交易，最後的結果再以一筆交易寫入礦工電腦的區塊鏈(外帳)裡。

由於比特幣閃電網路沒有寫進礦工電腦裡的比特幣帳本(區塊鏈)，因此不滿足去中心化、不可竄改、可以信任，明眼人就看得出來，這只是個障眼法而已。所以好笑的事又發生了，當你問：比特幣為什麼有價值？總是聽到「去中心化」；當你再問：去中心化的區塊鏈(外帳)速度緩慢、無法使用，該如何解決？那就用「中心化」的「閃電網路」，也就是「內帳」來解決。說來說去都有道理，對嗎？這就是由高級知識份子發起的「新型態龐氏騙局」厲害的地方。

●關於比特幣的七大典型「謊言」與「迷思」

一、比特幣不同於其他加密貨幣嗎？

比特幣帳本(區塊鏈)去中心化，分散儲存在一萬多個礦工的電腦裡，而類似原理的加密貨幣還有很多，例如：狗狗幣、乙太幣(1.0)，當然，還有更多加密貨幣根本是中心化的。但是不論去不去中心化，前面介紹過比特幣的原理，本質上和其他加密貨幣一樣，就是個「買空、賣空，上線拉下線的龐氏騙局」，還是經由諾貝爾經濟學獎得主克魯曼認可的龐氏騙局。什麼叫「唯一鎖定全球貨幣階層」的加密貨幣？用這種虛無縹緲的理由，就能證明比特幣很有價值？

二、比特幣到底有沒有底層價值？

台積電的股票背後代表台積電的股東，比特幣的背後代表什麼？前面介紹過比特幣的原理，大家就明白比特幣的背後什麼也沒有。因此，這些專業人士就扯出「共識的形成背後有重要的底層價值」，想出一些虛無縹緲的理由：什麼抵抗審查、總量固定、政府關不掉，甚至說是一種更加公平的貨幣政策。大家想想，手上持有大量比特幣的上線，可以任意拉高價格炒作，再倒給下線割韭菜，還無法可管，完全匿名抓不到，那裡來的「更加公平」？顯然這不是對我們更加公平的貨幣政策，而是對「手上持有低成本加密貨幣的上線」更加公平的貨幣政策吧！

三、區塊鏈到底是不是創新技術？

簡單的說，比特幣的區塊就是「存摺」，區塊鏈就是「存摺鏈」，也就是很多本存摺。因此，區塊鏈只是一種記錄資料的資料結構，就好像我們的銀行存摺一樣。差別在於，銀行存摺是儲存在「銀行」的電腦裡(中心化)，而比特幣帳本是被複製一萬多份，並且分散儲存在一萬多個彼此互相不認識的「礦工」電腦裡(去中心化)。

為了確保資料無法竄改，採礦的耗電量還是傳統金融的一萬倍。浪費人類這麼多珍貴的電力，從技術的角度來看，不但算不上創新科技，甚至是加劇溫室效應，禍害人類的科技。還說什麼「成功讓網路傳遞價值」，應該是「成功讓人類浪費能源」，讓北極熊沒有家、活不下去吧！

麻省理工大學斯隆管理學院的詹斯勒(Gary Gensler)是現任美國證券交易委員會(SEC)主席，他認為區塊鏈技術為支付和普惠金融帶來了新思路。他的說法再次證明，連美國一流大學商學院畢業的高才生都不懂區塊鏈這種唬人的專有名詞！這也再次證明了我多年來在商學院開授科技課程的重要性。其實普惠金融根本不需要什麼區塊鏈，用一台伺服器就可以做到，不但省電又環保。Gary，如果你不會，我可以教你。

四、比特幣到底是不是拿來洗錢？

比特幣唯一的用途就是炒作和洗錢。媒體報導，近期美國特工追回2016年Bitfinex遭駭的36億美元比特幣，不是因為「所有交易都會記錄於區塊鏈公開帳本上」，而是因為「駭客把私有金鑰儲存在雲端硬碟裡」，而特工破解了他的雲端硬碟密碼〔12〕。這個駭客被抓和「偉大」又「公開」的區塊鏈沒有關係，是他自己太笨了而已！比特幣帳本(區塊鏈)上的紀錄都是匿名的，抓到駭客和「區塊鏈」有什麼關係？

五、薩爾瓦多的比特幣實驗會不會失敗？

我觀察到一個非常有趣的現象：在網路上發言，認為比特幣取代法幣

「可以」解決通貨膨脹問題的，大部分都「不是」經濟學家；而認為比特幣取代法幣「無法」解決通貨膨脹問題的，大部分都「是」經濟學家，我稱之為加密貨幣的「反智現象」。關於薩爾瓦多的比特幣實驗會不會失敗這個經濟問題，要相信「外行人」或「內行人」？大家不妨自己思考評估。我比較好奇的是，這些「經濟學的外行人」拚命發文吹捧比特幣作為法幣好棒棒的目的到底是什麼？這個有趣的問題就留給大家思考了！

我個人認為，薩爾瓦多的比特幣實驗有可能會成功，但絕對不是因為「共識的形成背後有重要的底層價值」，而是因為人民以為比特幣去中心化、不可竄改、可以信任，而不知道他們使用的比特幣其實是「中心化」的閃電網路，根本不是他們以為的東西。

六、比特幣到底有沒有促進普惠金融？

薩爾瓦多自從比特幣法上路滿月後，擁有加密貨幣錢包的民眾，已經超越擁有傳統銀行帳戶的人數，使用官方電子錢包Chivo支援比特幣「閃電網路」支付的使用率也迎來爆發式成長，2021年11月單月交易總額達3,500萬美元。這是很合理的結果，因為人民搞不懂什麼是「閃電網路」，什麼是「內帳」和「外帳」的差異。這代表著一件事：政府用專有名詞唬弄老百姓，或許真的可以解決通貨膨脹的問題。

七、比特幣到底能不能作為日常使用？

薩爾瓦多與中非共和國是採用雙法幣制，薩爾瓦多是使用美元與比特幣，中非共和國是使用中非法郎與比特幣，最大的好處是可以避開比特幣價格不穩定的問題，收款後商家可以自行選擇是否要換回美元或中非法郎。問題是，大家都知道買加密貨幣很容易，要換回現金卻很難，更不用說當比特幣大跌的時候，這些加密貨幣交易所自身難保，紛紛倒閉，讓大家求償無門，這種狀況才剛發生，還歷歷在目。

●為什麼只有經濟落後國家想到要用比特幣唬弄人民？

2022 年 5 月，薩爾瓦多集結 44 國，討論普惠金融為無銀行帳戶者提供服務〔13〕，以及推廣採用比特幣作為法幣的好處，與會國家包括：中南美洲的巴拉圭、海地、洪都拉斯、哥斯大黎加和厄瓜多，非洲的安哥拉、迦納、納米比亞、烏干達，以及亞洲的孟加拉、巴勒斯坦和巴基斯坦等，大家可能會好奇，怎麼都是經濟落後國家？

經濟大國不需要比特幣，因為他們自己有能力控制貨幣發行、穩定物價、對抗其他大國的貨幣，所以用自己的法幣「量化寬鬆(QE)」唬弄老百姓就可以了！而這些經濟落後國家自身國力不足，政府能力有限，根本無力控制物價，他們使用比特幣取代法幣並不是「頭殼壞去」而是「聰明絕頂」，以為用「區塊鏈」和「比特幣」這種專有名詞就可以唬弄老百姓，解決通貨膨脹的問題。拿國家的錢去買比特幣，只是讓早期持有低成本比特幣的上線大賺一票而已，事實上是「飲鴆止渴」，經濟學家已經預言不會成功，而我認為「或許有可能」成功，就看老百姓們是不是變聰明了！

10-4

引發下一場金融海嘯的會是加密貨幣嗎？

2021 年，掛在市場上交易的加密貨幣超過 20,000 種，總市值超過 2 兆美元。隨著Luna幣與UST幣大崩盤，未來再次發生類似事件的可能性大增，引發下一場金融海嘯的會是加密貨幣嗎？

● 金融市場就是只准州官放火，不許百姓點燈

有網友和我嗆聲：政府搞量化寬鬆印鈔票也是龐氏騙局，為什麼我就不能發行加密貨幣？為什麼金融市場必須由政府「中心化」管理？為什麼不能讓大家「去中心化」發行，若是如此，那不就是「只准州官放火，不許百姓點燈」嗎？我回答他：是的，金融市場就是只准州官放火，不許百姓點燈。

政府搞量化寬鬆是為了改善經濟，而且會適可而止，最近美國聯準會(FED)就宣布開始升息對抗通貨膨脹，對經濟造成的影響還在可以控制的範圍內。而放任大家去中心化發幣圈錢，人們會適可而止嗎？

● 引發下一場金融海嘯的會是加密貨幣嗎？

現有的實體金融市場，所有的鈔票、股票、債券、基金都在巴菲特、比爾·蓋茲這些老人家手裡，我們要怎麼樣才能玩得過這些老人家呢？最快的方法當然是建立一個虛擬金融市場，你玩你的，我玩我的，所有實體金融市場的東西，在虛擬金融市場都可以再玩一次，實體金融市場有股票、

融資、放空、期貨、選擇權；虛擬金融市場就有加密貨幣，當然也可以有融資、放空、期貨、選擇權。

如果這個遊戲只是在虛擬世界玩，是沒有用的，因為最後真正值錢的還是法幣。因此必須把加密貨幣與實體法幣連結，讓所有手上持有法幣的人都相信，加密貨幣所代表的「分散式金融(DeFi)」，甚至提高位階到將會改變全球的「網路 3.0(Web 3.0)」，是未來的趨勢，讓大家拿出法幣一起來玩，把虛擬的加密貨幣與實體的金融市場連結，才是未來的操作重點。加密貨幣這種暴漲暴跌的特性，正是金融業的財務專家們夢寐以求的炒作標的。目前已經上市的各種比特幣信託基金(GBTC)、乙太坊信託基金(ETHE)、比特幣指數股票型基金(Exchange Traded Funds)等只是前菜〔14〕。

2021 年掛在市場上交易的加密貨幣超過 20,000 種，總市值超過 2 兆美元，比特幣占大約 40%，乙太幣占大約 20%，一天的交易量超過 1,000 億美元，加密貨幣交易所超過 500 家，在可以預見的未來，會有更多區塊鏈新創公司打著「金融創新」的口號發行各種衍生性金融商品，把虛擬的加密貨幣與實體的金融市場連結，包裝到最後，連理專自己都不知道賣給投資人的到底是什麼東西？就如同 2008 年連動債的翻版，所以引發下一場金融海嘯的會是加密貨幣嗎？讓我們拭目以待。我在 2021 年初就提出示警，諾貝爾經濟學獎得主克魯曼在 2022 年初也發表相同的看法〔15〕。

● 中國大陸令行禁止，為何美國猶豫不決？

簡單的說，有一群聰明的人找到了一個方法，可以套上「金融新創」的外衣，做起無本金融生意，而且可以避開法規，不得不令人佩服。有人或許好奇，既然加密貨幣會影響國家的貨幣發行，擾亂金融秩序，為什麼只有中國大陸令行禁止，其他國家猶豫不決？

事實上，這些加密貨幣，尤其是穩定幣，並沒有比特幣需要採礦造成交易速度緩慢的問題，如果真的發展起來，大家直接使用加密貨幣交易就好，美元的價值會下降，最終如果美元崩盤，會引發金融海嘯。

美國政府不是不明白這個道理，但是國稅局眼看著加密貨幣交易所每天超過 1,000 億美元的交易量，想著想著手就癢了！要抽稅，怕坐實了加密貨幣的地位，未來有一天造成美元崩盤；不抽稅，又平白少了一個稅收來源，結果猶豫不決是可想而知的。

再加上民主國家要去禁止人民做某一件事情，要有很充分的理由，不然可能會影響選舉民調。更何況加密貨幣套上「金融新創」的外衣，金融監管機關如果沒有充分的理由很難禁止，再加上業者用「阻止新創」的理由反駁，財金專家面對資工專家發明的一堆專有名詞難以招架，因此態度猶豫不決。所以未來最可能的情況是「有管又沒管」，允許加密貨幣繼續存在，但是壓抑它不要做得太大，當然也可以跳進去一起玩，但是用法規做適當的限制和管理。

● 世界各國發行數位貨幣，和加密貨幣沒有關係

近年來，世界各國政府都曾提到要發行自己的「中央銀行數位貨幣（CBDC：Central Bank Digital Currency）」，把實體紙鈔與硬幣支付改用電腦程式，以手機應用程式支付，類似以前我們買股票會拿到一張張的紙，後來把所有紙本股票電子化、集中保管一樣，這個不需要區塊鏈就可以做到，更和加密貨幣沒有關係，不要再拿由政府背書保證的數位貨幣扯上加密貨幣來炒作了！

總之，有一群聰明的人，創造一堆艱深難懂的區塊鏈專有名詞，包裝著金融科技的外衣炒作哄抬，不只唬了一堆投資人，還把金融監管機關耍得團團轉。2022 年發生的Luna幣與UST幣大崩盤事件，「終於」引起了美國監管機關的注意，5 月 10 日美國財政部長葉倫談到加密市場中的美元穩定幣(Stable coin)必須監管，立法迫在眉睫，因為這個領域增長迅速，並且隨之帶來巨大風險。那麼我們的金融監管機關是不是也應該採取行動了呢？

10-5
金融科技是矽谷想要吃掉華爾街的午餐

2022 年 3 月，街口金融科技遭控涉嫌辦理基金配售時，未公平配售給所有投資人，獲取不法所得初估約 9,000 萬元，遭檢調單位搜索約談〔16〕。之前就有媒體專訪街口時報導：街口將全力朝區塊鏈金融轉型，因為鏈上有無盡翱翔的天空〔17〕。

● 金融科技是矽谷想要吃掉華爾街的午餐

大家有沒有發現，被管東管西的傳統金融實在太難做了！偷拐搶騙都沒人管的區塊鏈分散式金融真是太棒了！因為鏈上有無盡翱翔的天空，在分散式金融的世界裡，我愛把錢給誰賺就給誰賺，哪有什麼「公平配售」的問題？為什麼傳統基金配售規矩這麼多？再這樣發展下去，傳統金融將被分散式金融徹底擊潰！是因為分散式金融「創新」嗎？還是監管機關大小眼？讓傳統金融被分散式金融擊潰的兇手到底是誰？

近年來由於科技突飛猛進，「金融科技（Fintech）」成為顯學，包括：純網銀、行動支付、小額信貸、保險科技（Insurtech）、監理科技（Regtech）等，都是實用的創新，這種產品或服務透過科技創新，降低成本，以低價的方式針對特定目標族群，突破、改變現有市場的消費行為，稱為「破壞式創新（Disruptive innovation）」。

很多人誤以為金融科技是金融業者利用科技提供創新服務，事實上金融科技是科技業者想要提供金融服務，搶食傳統金融市場。大家想想，微信支付、螞蟻金服、芝麻信用，有哪一個是金融業者發起的？因此有人說，金融科技是矽谷(科技業)想要吃掉華爾街(金融業)的午餐。只是恰好臺灣的金融監管機關對金融業的保護較多，因此金融業者能夠利用科技提供創新服務，繼續保有在金融市場的競爭力。未來，臺灣的金融業者應該要加快腳步，轉型為科技公司。

但是，有一群聰明的人利用這個機會魚目混珠，他們看準了金融監管機關大部分都是財金專家，對資訊工程技術不熟悉，因此就創造一堆專有名詞唬弄大家，實際上就是套上「金融新創」的外衣，做起無本金融生意，而且可以避開法規，不得不令人佩服。

事實上，三年前幣圈盛行的首次代幣發行(ICO)就是這樣玩的，許多人隨便寫了一個白皮書就創造一種加密貨幣到私人的加密貨幣交易所掛牌「圈錢」，結果在區塊鏈等創新技術的炒作下幣值大漲，雖然其中有些的確是有創新，但更多的是魚目混珠。

●真的是鴻源投資機構害 16 萬人賠光積蓄嗎？

1981 年，鴻源投資機構以「每月四分利」吸引民眾投資，當年用的口號就是：「要做資本主義底下的反叛者，如果既得利益者不讓我們富有，那麼我們就自己創造財富」。結果在成立 8 年內聚集超過 16 萬投資人，吸引民間游資將近新臺幣 1,000 億元，海外分公司開枝散葉，並跨足股市，在股票市場上呼風喚雨[18]。

後來，立法院在 1989 年「才」修正銀行法，檢調單位「才」開始強力查緝地下投資公司，結果鴻源在連續三星期內發生四次擠兌風暴，短短兩星期內鴻源就被投資人提回了近 200 億元的現金，被迫宣布停止出金，同時造成台股重挫。後來檢調單位介入，起訴鴻源案相關人等，造成超過 16

萬人賠光積蓄，受害人求助無門。

重點是，在一開始就該做的事，為什麼要等到有一堆人受害才開始做？更有趣的是，如果當年立法院沒有修正銀行法，檢調單位沒有介入，鴻源會發生擠兌風暴嗎？如果沒有發生擠兌風暴，那說不定今天的鴻源是財力雄厚的一方霸主，16 萬投資人不但沒有賠光積蓄，還大賺一票。真的是鴻源害 16 萬人賠光積蓄嗎？

●金融監管刻不容緩，別讓偽金融創新破壞金融市場秩序

坦白說，監管機關面對這些「偽金融創新」，其實也是進退兩難。如果監管課稅，等於間接承認加密貨幣的合法性；如果放任不管，又是偷拐搶騙樣樣來。事實上，**政府就光明正大的依法監管，認定它是貨幣就用貨幣法，認定它是證券就用證券法，比照傳統金融法規，沒有特例。**

例如：美國數位藝術家Beeple的《每一天：最初的5000個日子》的非同質化代幣（NFT）不是以新臺幣 20 億元成交嗎？假設在臺灣，那就依法課徵個人所得稅新臺幣 8 億元，而且只收現金，炒手只能把圈到的加密貨幣拿到交易所倒掉，換成現金來繳稅。這麼做不但可以充實國庫，我看加密貨幣交易所每天賣壓沉重，想要炒作，難度也更高了！

因此，金融監管機關面對金融科技，應該深入去了解這些科技背後的技術原理，不要被專有名詞唬弄，也不要被業者用「阻止新創」的理由嚇退，而要明辨這個金融創新到底是真是假，並且留意加密貨幣市場的發展，制定相關的法規加以限制，才能維護金融市場的健全與穩定。

● 傳遞正確的知識撥亂反正，是當務之急

總而言之，網路上這些吹捧加密貨幣的專業人士大概就分成兩類：一類是本身持有大量加密貨幣的人；另一類是本身在經營或投資加密貨幣或區塊鏈事業的人。他們給大家洗腦不外乎就是上線拉下線想圈錢，或用專用名詞唬外行人炒股做生意而已，大家不必太過在意，金融監管機關更不能中計。

因為Luna幣與UST幣大崩盤後續引發的一連串加密貨幣違約倒閉事件〔19〕，同時南韓檢方在2022年9月14日對UST幣的發行商與共同創辦人、創始團隊成員等6人，依涉嫌違反南韓資本市場法，發出逮捕令與國際通緝令〔20〕，開始讓社會大眾看清這些「偽金融創新」的本質，因此我定義2022年為加密貨幣的「撥亂反正」年。

舊龐氏騙局是一個人騙一群人，新龐氏騙局是一群人唬所有人。坦白說，我一個人面對一群人，真的有點力不從心，因此我在這裡要呼籲更多的資訊科技專家加入我們的行列「撥亂反正」，把正確的知識傳遞出去。同時，政府面對這種「新型態龐氏騙局」，不能再視而不見，必須立刻採取以下行動：

1. 應該立法監管所有加密貨幣的商業行為，認定是貨幣就用貨幣法規加以規範，認定是證券就以證券法規加以規範，不能再放任不管，避免未來引發金融事件。
2. 立法的過程必須找到願意「說真話」的顧問團隊，不能只找吹捧加密貨幣的專業人士來辦理公聽會，才能避免被一堆專有名詞誤導。
3. 政府首長應該謹慎發言，避免成為炒作的藉口，總之炒作的把戲很多，愈是重要的人物，發言更要謹慎，避免引起不必要的麻煩。

● 奉勸企業家應該要有企業社會責任，別老想著要圈錢！

最後我想奉勸馬斯克和伍德，企業家應該要有企業社會責任，被別人唬弄拿企業的錢去買比特幣抬轎就算了！別再不停地宣傳比特幣其實很環保、比特幣採礦有高比例使用較低廉的再生能源、比特幣發展其實對綠能產業有加速作用等似是而非的言論。

比特幣使用多少比例的再生能源採礦根本不是重點。再生能源是政府為了保護地球，拿老百姓幾千億的血汗錢去倒貼補助，才發展起來的。為了減少溫室效應，也為了後代子孫，我們只能支持。但是為什麼要拿老百姓的血汗錢去補貼電費，讓少數人用來採礦「圈」錢？

臺灣近年來電力吃緊，這是我們走向環保綠色能源必須面對的問題，怎麼能夠浪費我們珍貴的電力去做採礦這種毫無意義的事？因此政府應該立法，以價格或總量限制大型加密貨幣礦場的採礦行為，將電力應用在半導體、工業發展、智慧農業、民生消費等領域才有意義，不是嗎？

● 假新聞本就充斥世界，我們就不要再製造假新聞了吧！

假新聞本就充斥世界，好在今日我們有網路，每個人可以自己挖掘、分享事實，而這就是去中心化的真正意義。但是如果我們挖掘的不是事實，分享的是假新聞怎麼辦？而這正是去中心化最大的問題。「去中心化」最大的特色就是沒人管，所以不論對錯，任何人都可以發言，有的是發言者刻意誤導別有用心，有的是發言者被別人誤導，無意間替別人散布了假新聞。假新聞本就充斥世界，所以我們就不要再製造假新聞了吧！

區塊鏈最大的功能是「唬外行人做行銷」與「地位平等做生意」，當「老大不想當老大、大家都想當老大」，那就區塊鏈吧！從商業的角度，「唬外行人做行銷」也是一種很重要的功能，但是要記得：當我們唬別人的時候，必須很清楚知道自己是在唬人，如果唬到連自己都被唬住，那就貽笑大方了！

使用非同質化代幣(NFT)比用數位憑證還好，是因為NFT唬外行人做行銷效果好、匿名洗錢需求方便好用、吸引炒手抬高拍賣價格，而不是因為NFT可以證明數位資產的真偽與所有權、讓作品無法被複製和造假、追溯到最初作品正本的擁有者。

我寫這本書的目的，是要導正大家的觀念，避免大家被媒體錯誤的資訊所誤導。基本上元宇宙、加密貨幣、非同質化代幣(NFT)確實是很好的行銷工具，可以利用這個機會把自己的生意行銷出去，不管客戶懂不懂原理先唬進來再說，生意談成最重要。

但是最後我想再強調一次，對於加密貨幣，我並沒有不看好它們的未來，只是我們要看穿他們的把戲，千萬不要被小把戲給唬弄過去。**我從來沒有說加密貨幣會泡沫，你看那個鑽石行銷騙局，見到專櫃前滿滿選購鑽石的人潮，不是也還玩得有聲有色嗎？**

參考資料

第 6 章　非同質化代幣 (NFT) 的原理與應用

1　推特創辦人拍賣 15 年前第 1 則推文出價飆到 5500 萬
https://www.cna.com.tw/news/ait/202103070037.aspx

2　史上首則推文拍出得標價飆破 8200 萬元
https://www.rti.org.tw/news/view/id/2094997

3　一幅數位圖檔 20 億元成交！爆紅的區塊鏈應用「NFT」震撼全球藝術界
https://www.storm.mg/article/3534159

4　金融史上的今天：1637 年鬱金香狂熱破滅！一夕間打回原形，只值一顆洋蔥
https://www.facebook.com/cbc.gov.tw/posts/4790150731069139

5　Neo QLED 量子電視賦予日常生活新意義
https://www.samsung.com/tw/tvs/qled-tv/highlights/

6　夢幻材料給你雙倍續航力！三星明年推出「石墨烯電池」手機
https://buzzorange.com/techorange/2019/08/15/samsung-3/

7　NFT假貨猖獗，交易平台Cent緊急凍結所有交易
https://technews.tw/2022/02/14/fake-nft-cent-halt-trading/

第 7 章　破解加密貨幣謬論

1　馬斯克澄清特斯拉未拋售比特幣，方舟要他別被誤導
https://finance.technews.tw/2021/05/18/musk-clarifies-that-tesla-has-not-dumped-bitcoin/

2　On Bitcoin's Energy Consumption: A Quantitative Approach to a Subjective Question
https://docsend.com/view/adwmdeeyfvqwecj2

3　Top 100 Banks in the World
https://www.advratings.com/banking/top-100-banks

4　瑞波幣發行商Ripple Labs遭SEC控告違反美國證券法
https://www.ithome.com.tw/news/141826

5　鉅亨幣圈理財：一文讀懂穩定幣
https://news.cnyes.com/news/id/4682760

6　美金融服務委員會主席：美國不能讓臉書幣 Libra 與美元競爭
https://www.blocktempo.com/rep-waters-us-cant-let-facebooks-crypto-compete-with-the-dollar/

7　臉書幣Diem確定夢碎！將出售資產給Silvergate並宣布解散
https://www.inside.com.tw/article/26574-facebook-crypto-project-diem-is-officially-dead

第 8 章　加密貨幣專有名詞大解密

1　馬斯克肯定會有「火星幣」，同名加密貨幣暴漲百倍
https://technews.tw/2021/02/21/elon-musk-unintentionally-sends-marscoin-cryptocurrency-soaring-1800-with-a-tweet/

2　Minecraft 公開拒絕區塊鏈與 NFT：理念與我們背道
https://www.4gamers.com.tw/news/detail/54263/mojang-has-said-it-wont-allow-nfts-in-minecraft

3　Web 3.0 是下個科技關鍵字？馬斯克卻說只是「行銷噱頭」、推特創辦人也抨擊
https://today.line.me/tw/v2/article/1Dg0eK3

4　到底什麼是 Web 3 ？它的生父希望你能「去信任化」
https://www.inside.com.tw/article/25779-the-father-of-web3-wants-you-to-trust-less

5　哥教的不是程式，是人生
https://www.facebook.com/prog2life

6　狗狗幣一年漲破 60 倍！「狗爸爸」卻罕見現身厲聲抨擊：加密貨幣只是一場騙局
https://www.bnext.com.tw/article/63948/dogecoin-founder-jackson-palmer

7　最精采的營銷 騙了全世界 130 年的鑽石騙局
https://www.ntdtv.com/b5/2020/01/27/a102761994.html

8　科索沃挖礦收入達電費 14 倍　致電力短缺政府緊急禁挖礦
https://unwire.hk/2022/01/08/kosovo-bans-cryptocurrency-mining-to-save-electricity/life-tech/

第 9 章　新型態龐氏騙局：用專有名詞唬外行人

1　特斯拉購入價值 15 億美元的比特幣，未來將接受比特幣付款
https://www.ithome.com.tw/news/142703

2　狗狗幣 Dogecoin 是什麼？讓 Elon Musk 也瘋狂 狗狗幣的起源、用途介紹
https://www.cool3c.com/article/160001

3　維基百科：量化寬鬆
https://zh.m.wikipedia.org/zh-tw/%E9%87%8F%E5%8C%96%E5%AF%AC%E9%AC%86

4　該繳稅了！美國稅局出手令加密貨幣平台交出客戶資料
https://ec.ltn.com.tw/article/breakingnews/3532621

5　首檔比特幣期貨 ETF 19 日掛牌！比特幣價格逼近史高
https://www.businessweekly.com.tw/business/blog/3008039

6　狗狗幣一年漲破 60 倍！「狗爸爸」卻罕見現身厲聲抨擊：加密貨幣只是一場騙局
https://www.bnext.com.tw/article/63948/dogecoin-founder-jackson-palmer

7　全球加密貨幣價格走勢
https://coinmarketcap.com/zh-tw/

8　諾貝爾經濟大師克魯曼：加密貨幣是「騙局」
https://blockcast.it/2022/06/07/paul-krugman-labeled-cryptocurrencies-a-scam-in-an-op-ed/

9　工程師荒！百萬美元也請不到人，Google、Amazon 都吃驚，人才都跑去哪？
https://www.businessweekly.com.tw/international/blog/3008680

第 10 章　金融詐騙大崩盤：金融監管機關該有哪些作為？

1 8400 萬美元撬動 400 億金融帝國 UST 崩盤始末
https://www.abmedia.io/20220511-luna-collapsed

2 全球加密貨幣價格走勢
https://coinmarketcap.com/zh-tw/

3 禁信用卡買加密貨幣遭產業反彈！律師、幣圈玩家：是台灣金管會怕詐騙
https://www.blocktempo.com/credit-cards-ban-boycott/

4 【鏡相人間】虛擬的夢殺人的假投資真詐騙
https://www.mirrormedia.mg/premium/20210913pol001

5 疑砸近 6 千萬投資 Luna 幣失利 29 歲男台中豪宅墜樓亡
https://news.ltn.com.tw/news/society/breakingnews/3936906

6 台灣禁止用信用卡買加密貨幣，有道理嗎？
https://www.bnext.com.tw/article/70832/taiwan-creaditcard-cryptocurrency

7 維基百科：通貨的定義
https://zh.m.wikipedia.org/zh-tw/%E9%80%9A%E8%B2%A8

8 Terra 穩定幣崩盤、韓國 20 萬人血本無歸，自殺勝地「麻浦大橋」成相關關鍵字
https://www.techbang.com/posts/96376-luna-coin-plunged-99-south-koreas-at-least-200000-investors

9 10 歲女童找到了！父疑投資 Luna 欠上百萬卡債一家 3 口開車墜海
https://www.ithome.com.tw/news/151063

10 南韓對 UST 與 Luna 展開調查
https://www.blocktempo.com/el-salvadors-president-promotes-bitcoin-adoption-by-44-emerging-countries/

11 採用比特幣為法幣，不是頭殼壞去！破解 Bitcoin 的謊言迷思
https://www.bnext.com.tw/article/69739/bitcoin-crypto-fiat-currency

12 私鑰存雲端！美國特工追回 Bitfinex 遭駭的 36 億美元比特幣
https://blocktrend.substack.com/p/424

13 秀「比特幣之城」模型！薩爾瓦多正集結 44 國討論 BTC 採用
https://www.blocktempo.com/el-salvadors-president-promotes-bitcoin-adoption-by-44-emerging-countries/

14 首檔比特幣期貨 ETF 登場、加密貨幣小白也能投資！比特幣價格飆高
https://www.bnext.com.tw/article/65663/bitcoin-etf-listed

15 紐約時報示警！諾貝爾獎得主克魯曼：加密貨幣恐成「新的次貸危機」
https://www.blocktempo.com/paul-krugman-says-bitcoin-resembles-subprime-mortgages/

16 街口執行長凌晨 1000 萬元交保！涉嫌背信、不法獲利 9 千萬元
https://www.bnext.com.tw/article/68270/jko-hu-arrest

17 街口全力朝區塊鏈金融轉型，鏈上有無盡翱翔的天空
https://www.bnext.com.tw/article/66819/jkos-blockchain

18 先別說這個了，你聽過鴻源嗎？台灣經濟史上規模最大的詐騙集團
https://today.line.me/tw/v2/article/JPEpvO7

19 韓檢方出手，通緝 Terra 創辦人 Do Kwon；Luna 崩 30%
https://technews.tw/2022/09/15/s-korea-court-orders-arrest-of-developer-of-failed-cryptocurrency-luna/

20 加密貨幣死亡螺旋再拖跨一家！ Celsius苦撐月餘仍宣布倒閉
https://www.bnext.com.tw/article/70643/cryptocurrency-celcius-death-spiral-0714

國家圖書館出版品預行編目資料

加密貨幣的真相：揭穿區塊鏈無本金融的國王新衣／曲建仲（曲博）著.
-- 初版. -- 臺北市：先覺出版股份有限公司，2022.11
256 面；17×23公分. --（商戰；229）
ISBN 978-986-134-438-6（平裝）

1. CST：電子貨幣

563.146 111015388

Eurasian Publishing Group
圓神出版事業機構
先覺出版社
Prophet Press

www.booklife.com.tw reader@mail.eurasian.com.tw

商戰 229

加密貨幣的眞相：揭穿區塊鏈無本金融的國王新衣

作　　者／曲建仲（曲博）
發 行 人／簡志忠
出 版 者／先覺出版股份有限公司
地　　址／臺北市南京東路四段50號6樓之1
電　　話／（02）2579-6600 · 2579-8800 · 2570-3939
傳　　真／（02）2579-0338 · 2577-3220 · 2570-3636
副 社 長／陳秋月
資深主編／李宛蓁
專案企畫／尉遲佩文
責任編輯／李宛蓁
校　　對／曲建仲 · 李宛蓁 · 劉珈盈
美術編輯／林雅錚
行銷企畫／陳禹伶 · 黃惟儂
印務統籌／劉鳳剛 · 高榮祥
監　　印／高榮祥
排　　版／陳采淇
經 銷 商／叩應股份有限公司
郵撥帳號／ 18707239
法律顧問／圓神出版事業機構法律顧問　蕭雄淋律師
印　　刷／龍岡數位文化股份有限公司
2022年11月 初版

定價 410 元 ISBN 978-986-134-438-6

BITCOIN
BITCOIN
BITCOIN

BITCOIN
BITCOIN
BITCOIN

BITCOIN
BITCOIN
BITCOIN

BITCOIN
BITCOIN
BITCOIN